塔木德親子財富課

向猶太人學致富，從小開始

내 아이의 부자 수업:
상위 1퍼센트 유대인의
하브루타 경제독립 교육

金今善 著
馮燕珠 譯

推薦序

致富，從正確的思維到作為

大亞創投執行合夥人／郝旭烈

很多人都說父母親要幫助孩子從小建立正確金錢觀，但是什麼才叫做正確的金錢觀？尤其是每個人都要賺錢，但是又常聽到「金錢是萬惡淵藪」、「應該視金錢如糞土」，那我們到底該不該和孩子談錢，又到底該怎麼看待錢？

在猶太人財富思維裡面，有個非常清晰的鐵三角，鞏固了他們的體系，也解決了我們一直以來的疑惑，那就是「金錢」、「捐獻」和「正直」。

首先他們相信「金錢」是驅動一切的本質，從小就會告訴孩子，錢是神聖的，是一切事物的泉源，如果沒有這一層的「相信」，那麼又怎麼會有動力去爭取金錢、去累積財富？所謂「信仰即力量」就是這個道理。

而「捐獻」和「正直」，是支撐金錢觀的兩個重大支柱。首先「捐獻」代表金錢的重要目的是幫助他人，是推動慈善；而「正直」代表的是和別人建立長期互信關係，尤其是和他人交易一定要把正直置於最高位置。

簡單來說，在猶太人《塔木德》的智慧裡，如果當金錢要成為至高無上的目標，就必須把「幫助他人」和「建立互信」當成不可動搖的前提；也是在賺錢累積財富時最重要的價值觀。這麼一來「金錢財富」這個概念就在「物質世界」和「精神世界」的天平兩端，得到了最佳的均衡，也給予正確的金錢觀最佳的詮釋。

我常說不管學任何事情，首先「思維」要對，接著「行為」才不會產生偏頗。而《塔木德》的思維鐵三角「金錢」、「捐贈」、「正直」，正是財富思維最重要的地基。

扎穩地基之後，就是透過正確的行為來落實思維；簡單來說我把它總結為金錢行為學習的另一個鐵三角，分別是「花錢」、「賺錢」和「存錢」。

花錢，是為了學「交換」。如果孩子要什麼有什麼，不知道自己日常所需要花多少錢，那麼就沒有辦法建立對金錢的概念。

賺錢，是為了學「價值」。不管是透過勞力、腦力，又或者是創業方式獲取自己的收入，都可以讓孩子知道有非常多元的管道來提升自己的價值，如此就有機會在同樣的時間裡面，賺取比別人更多的收入。

存錢，是為了學「投資」。因為金錢最終目的是要成為我們的工具，而不是成為我們的主人。所以存錢除了買東西，最重要的關鍵就是怎麼用錢去賺錢，才可以幫我們創造自由支配的時間，豐富我們人生。

而這個金錢行為落實的鐵三角，也可以清晰地在書中找到滿意的答案。

總之，不管是思維也好、行為也罷，《塔木德》智慧的關鍵指引，是沒有把金錢當成目的，而是達成幸福人生的重要夥伴。誠摯推薦此書，希望讓父母和親子之間，能同時享受致富和幸福的喜悅。

推薦序

金錢教育是人生必修課，學習當新一代的「富爸媽」

親子理財專家／馬哈老師

猶太人在《塔木德》中提到：「殘害人們的東西有三樣：煩惱、爭吵、空錢包，其中『空錢包』害人最甚。」我個人非常喜歡這段話，「空錢包」害人最甚，錢不一定可以買到「幸福」，但金錢給了我們「選擇權」，選擇可以過幸福生活、選擇在有能力時幫助別人。

我個人推廣財商教育多年，遇過很多類型的父母，有些父母不贊成從小給孩子零用錢，也討厭跟孩子談「錢」，他們認為孩子只要負責「讀書」就好，其他的事情通通不用管。

這些其實都是錯誤的觀念，金錢跟我們的日常生活息息相關，金錢教育是每個人的必修學分，而且越早開始越好。當我當了媽媽後，我期許自己成為新一代「富媽媽」，在擔任我孩子的金錢教練期間，不光告訴孩子「不要亂花錢」、「要存錢」，更希望孩子能接觸「全方位財商教育」，除了懂得好好管理金錢，還能具備理財知識與技能，避免被金融詐騙，同時做好人生各階段的財務規劃。

孩子五歲我開始跟他談「錢」，帶他認識金錢、釐清自己的需要跟想要；孩子滿十歲讓他自己管理紅包錢，同時也灌輸錢滾錢、複利等金錢觀念；孩子十五歲時，帶他認識不同金融商品、風險跟報酬關係，也陪孩子共存人生的第一桶金，完全實踐書中所提「猶太青年在完全成年前七年間累積的屬於自己的錢，可以活用為種子基金。」

孩子的財商教育該怎麼進行？這是大多數父母最頭痛的問題之一。這本書中提供很多系統性方法，告訴你「教什麼」（what）以及「如何教」（how）。每一節還特別附上「給父母的金錢教育錦囊」，提醒父母如何對孩子進行金錢教育。

書中提到一句猶太諺語：「錢能驅動一切。」有些父母可能不認同，擔心孩子的價值觀會偏離。但作為新一代的「富爸媽」，我們要先改變我們的認知，認知到投資理財是每個人一生的必修課程，最好從小就灌輸孩子富人的思維，讓金錢成為孩子一輩子的好朋友。因為這門課學分修得早、拿高分，孩子的幸福人生就可以早一點開始。

目次

第2課 從父母的想法開始改變

目次

目次

第5課 從《塔木德》學習富人思維 151

目次

序文
幼年的財富課，塑造未來的大富翁

有投資鬼才之稱的巴菲特（Warren Buffett）、谷歌（Google）創辦人佩吉（Larry Page）、媒體集團彭博社創始人彭博（Michael Bloomberg）以及臉書（Facebook）創辦人祖克柏（Mark Zuckerberg），他們的共同點是什麼？他們不僅是世界級的億萬富翁，同時也是猶太人。即使不提他們的名字，大家也都知道猶太人很多都是金融界的頭號人物，也是投資奇才、IT界霸主。

猶太人占全球人口不過〇．二％，卻是世界上最具創意、最會賺錢的民族。諾貝爾獎得主當中有許多是猶太人，全世界最頂尖的企業經營者有四〇％以上是猶太人。他們在全球金融、政治、法律、經濟、媒體、藝術、學術界等領域都占有重要的地位，而他們的孩子正準備接掌下一個世代的全球財富。

他們是如何取得這樣的成果？猶太人真的具有其他民族不得而知、專屬猶太人的教育法嗎？是的，就是「哈柏露塔」（Havruta）。猶太人以哈柏露塔的精神，與父母和兄弟姐妹可以毫無顧忌地討論、與朋友展開辯論。不管什麼年齡或社會地位，在哈柏露塔的精神下處於平等地位，可以針對政治、社會、文化、歷史等各種領域的主題進行對話、討論、辯論，體驗獨立、創意的思維擴張。

哈柏露塔教育法最特別的地方，就是從小強調關於金錢的教育。猶太人會抱著襁褓中的嬰兒唱著關於金錢的歌曲，孩子到了十三歲就被視為成年人，必須學習理解經濟趨勢，猶太人藉由教導孩子經濟概念和正確的消費習慣，加強孩子經濟獨立的能力。到了二十歲，不論如何都必須獨立。這時的孩子已能不再依賴父母或老師，而是培養了自己獨立思考、發現和想像的能力。由於具備獨立又獨創的思維，讓他們不畏懼新的挑戰，能自信地不斷湧出新想法和創意。

為人父母都希望自己的孩子將來生活富足，希望他們不要因為錢而受苦、不要為了錢而掙扎，能享受金錢帶來的自由和幸福，過著悠閒自適的生活。希望孩子懂得生活的喜悅、不以金錢評價他人，成為懂得分享的真正的富翁。既然如此，從小就應該與孩子談論金錢，別再說「小孩子知道錢要做什麼？只要讀書就好」這種話，應該正確教導孩子金錢的價值，培養健康的消費習慣，教導他們在賺錢的同時如何有意義地花錢。金錢教育越早越好。

金錢教育並不困難，這本書講的不是複雜的股市或匯率，只要父母先建立正確的金錢觀，就能輕鬆對孩子進行金錢教育。「哈柏露塔」並非什麼高難度的討論技巧，而是從正確的方向提出正確的問題。

我在養育三個孩子的過程中，同樣也經歷過苦惱，懷疑自己真的可以把孩子教好嗎？我可以把孩子教育成優秀的人嗎？到底應該如何與孩子對話？每當有這些疑問時，我就會想到哈柏露塔，我相信這個教育法。現在我已不用再為孩子的教育煩惱，所以我想與更多人分享哈柏露塔的方法及訣竅。

培養不畏懼失敗和挑戰的孩子；讓孩子懂得享受富足和分享的喜悅，成為真正的富翁；不只經濟獨立，在心理上也能獨立，擁有屬於自己的生活並從中感到幸福。這是所有父母都夢想的孩子的未來，現在就掌握在你手中。

第1課

金錢教育的第一步從哪裡開始？

猶太人自孩子出生之後就開始進行金錢教育。哄孩子睡覺時媽媽哼唱的歌謠內容與經濟有關，孩子還不會走路就讓他存錢。在韓國，十三歲還只不過是個「小孩子」，但猶太人會舉行盛大的成人禮，十三歲就被視為成年人，因為在猶太社會中十三歲已經完成基本的金錢教育了。反過來看韓國人的十三歲，根本是連金錢教育都還沒開始的年紀，大人反而會說：「小孩子管什麼錢啊，用功讀書就好。」經濟活動只是把零用錢存在小豬存錢筒的程度，而且也不是從「金錢教育」角度出發的行為。當今的猶太人是全世界最富有的民族，雖然人口占比極少，卻左右了全世界很多產業。是什麼讓猶太人成為如此精通經濟概念和活動的民族呢？雖然在韓國也有很多父母關心孩子的金錢教育，但大部分都不知道該如何教育孩子正確的金錢觀。現在就讓我們一起邁出金錢教育的第一步，雖然只是微不足道的一小步，但可以成為孩子幸福未來的起點。

金錢教育關乎孩子的未來

猶太人過著比世界上任何一個民族都嚴酷和艱苦的生活。在沒有領土的情況下流離失所近兩千年，用一句話來形容就是「受難的民族」，活得這麼苦，想必是從骨子裡深深領悟到錢的重要性。為了活下去除了拼了命地賺錢別無他法，錢就像生命一樣重要。猶太人之所以具有賺錢才能，源自悠久的歷史。常有人說猶太人是「狠毒的民族」，也是因為他們對金錢的態度是很絕對的。

給出生六個月大的孩子澤達卡桶的意義

猶太諺語裡有這麼一句話：「錢能驅動一切。」

雖然並非不認同，但對從小聽大人說「視黃金如糞土」這種格言長大的我們來說，聽起來多少有點不自在。既然信奉金錢至上，那麼猶太人在孩子的金錢教育上，應該會把重點放在「狠狠賺錢的方法」或「無論如何都要賺到錢的方法」才對，但猶太人的金錢教育完全出乎我們的意料。在學習如何為自己賺錢之前，猶太人先教孩子如何為別人花錢的「慈善」和「捐贈」，在賺錢的時候也要徹底以「正直」為基礎。

猶太孩子第一次接受金錢教育是在出生後六個月開始，父母會掰開嬰兒的手指，讓孩子拿著硬幣，訓練他將錢放入澤達卡（Tzedakah）桶裡。澤達卡是「正義」，衍伸為慈善的意思。澤達卡桶裡的錢，是為了捐獻而收集起來的。猶太人在孩子還不會講話之前，就先教他如何存下幫助別人的錢。猶太人必須遵守的律法共有六百一十三項，包括生活規範、道德、宗教等方面，而在這些律法的前面有一條優先的律法，就是「捐獻」。他們說：「與遵守六百一十三項法律相比，捐獻更重要。」這代表了猶太人多麼重視行善，從小就學會將自己賺來的錢用在需要的人身上。

在猶太人的金錢教育中，還有另一個重要的精神就是「正直」。在猶太教經典

《塔木德》中有這樣一個故事。人死之後，在上天堂的門前需要先接受提問，那麼第一個問題是什麼？因為猶太人信奉上帝，所以很多人都認為第一個問題一定是「你有多信奉上帝？」「做了多少祈禱？」之類與宗教有關的問題。但並非如此，在天堂之門前被問到的第一個問題是「與別人交易時是否正直？」由此可以感受到對猶太人來說，經濟活動就像宗教信仰一樣。

猶太人為何如此強調慈善、追求正直呢？

「捐獻」與「正直」兩大均衡軸

擁有金錢就擁有強大的力量，這道理猶太人比誰都明白，猶太人心中銘記「金錢就是生命」。金錢對他們來說具有如此重大的意義，稍有不慎就會對金錢產生錯誤的想法。金錢如此珍貴，卻也同樣危險，如果一開始對金錢抱持錯誤的概念，之後可能會越走越偏，成為金錢的奴隸，或是因錢而陷入犯罪的危險中。越是擁有珍貴而強大的力量，越要懂得如何好好運用。賺錢的技術對猶太人很重要，但同時

「捐獻」與「正直」也一樣重要。如果在金錢面前無法正直的話，就會想去利用別人或是用不正當的手段賺錢。

錢有多重要，這孩子們也知道。就算父母不強調，孩子們也能從生活體驗中感受到。但如果只知道錢的重要性，就只會成為不願為人花錢的吝嗇之人，或是只一味追求金錢的貪婪之人，猶太人的金錢教育由「捐獻」與「正直」開始，就是為了預防因錢產生的問題。他們用「捐獻」與「正直」盡到「智慧的均衡軸」的作用。**金錢教育若未能以「捐獻」與「正直」為先行基礎的話，孩子日後長大成人了，不管賺再多錢都會在瞬間失去，或是牽涉到不道德的行為，也不可能與他人「幸福同行」**。

孩子的金錢教育，不應該只是教導出很會賺錢的孩子，還要讓孩子學會從中得到幸福的方法。以此為出發，透過「捐獻」與「正直」的概念教育孩子，就能邁出金錢教育成功的第一步。

給父母的金錢教育錦囊

我也對我的兒子進行有關捐獻的教育，從他國小四年級開始到上大學為止，透過慈善團體資助印度的同齡小朋友每月三萬元[1]生活費。捐獻對孩子的人生有很大的幫助，從小就接觸慈善活動能為孩子帶來正向的能量，教導他快樂的價值，也有利於建立積極自信的心態。

金額完全不重要，哪怕只是一千元、五千元，也要以喜悅的心情捐出，並與孩子分享做這件事的感受，這才是金錢教育的出發點。

1 編按：本書中的幣值若無特別說明皆為韓元。

父母應該具備什麼資格才能成為「金錢導師」？

若要成為教師，必須具備教師資格，為了成為孩子的金錢導師，為人父母也必須具備資格。但不用擔心，父母想成為孩子的金錢導師並不會太難，不需要精通經濟學理論，也不用熟悉統計學，只要具備幾個正確的態度就足夠了。

不要避諱談論錢

專家表示，父母的金錢態度對孩子的金錢教育造成八〇%的影響，所以在進行金錢教育時，父母的角色非常重要。父母擁有豐富且專業的經濟知識及洞察力，並不代表孩子就一定無條件擁有正確的經濟概念。父母平時的所得來源、消費方式、是否把錢用在有意義的地方，這些日常行為才是最切身的金錢教育。那麼如何在日常生活中進行金錢教育呢？

首先不要避諱與孩子談論錢。傳統上認為對孩子談錢必須要小心翼翼，甚至乾脆避而不談。父母總是對孩子說「錢的事你不用管，用功讀書就好」，或是「小孩子管什麼錢！」一下子就關上對話的大門。不久前一個媽媽對我說，她有兩個孩子都上中學了，補習費負擔實在很大，所以她就想各種理由減少孩子補習的科目。有一天，孩子對她說：「媽媽，你是不是沒錢？」

媽媽嚇了一跳，隨即說：「不是啊，你在說什麼啊？我是怕你們補太多會太累才減少科目啊」及時避開了危機。

當然父母的心情可以理解，為了不讓孩子因為錢的關係覺得喪氣或擔心，才會說了善意的謊言。站在為人父母的立場，只要孩子能用功讀書，不管怎麼樣都會想盡一切辦法讓孩子沒有後顧之憂。但是如果英文老師不跟學生講英文、數學老師不跟學生講數學公式，這樣合理嗎？所以想成為金錢導師的父母也一樣，一定要和孩子談論錢。

父母越是隱瞞與錢有關的話題，孩子對錢的概念就會越淡薄。「孩子不應該談錢的事」這種想法會內化，同時另一方面也會越來越依賴父母。小時候總是聽父母說「錢的事你不用擔心」，長大就認為「我不用擔心錢也沒關係」，但實際上父母的處境很嚴峻，他們是在經濟困難的情況下撫養孩子。

若從小沒能好好接受正確的金錢教育，就無法形成正確的金錢觀，如此一來想存錢或增加財富也會變得很困難，就算繼承再多的財產，也會因不知如何掌握財產的規模、不懂如何有效運用錢財、沒有任何理財規劃來讓財產增值。有錢就花、沒錢也花，有時沒錢沒得花，讓自己的生活受制於擁有多少錢來決定。我們經常用「愛財」一詞來諷刺人，但錢的確是應該要愛的。孩子從小就要教育正確的愛財觀念，家裡的經濟狀況也要讓孩子了解，將來長大成人後才能好好守財、理財並擁有更多財富。

教導孩子對錢的忍耐力

猶太人在孩子很小時就開始談論錢，他們在哄小孩睡覺時會這樣哼唱：「Buy low, Sell high. Buy low, Sell high. Buy low, Sell high.」

對連話都還不會說的小孩唱這種歌？真是有點難以想像，但值得注意的是在這當中父母和孩子的態度。猶太父母從孩子小時候就開始談論錢，透過一些俚語傳達錢的智慧，讓孩子習慣於錢。但是韓國父母是如何呢？別說教孩子親近錢、熟悉錢，反而是先教孩子遠離錢。

父母若要成為金錢導師，就必須先調整自己的消費習慣。毫無顧忌地刷卡、購買不需要的東西，這是最糟糕的金錢教育。看著這一切長大的孩子將來自己在花錢的時候，也不會加以考慮，想買什麼就馬上買。「父母是兒女的鏡子」，這不是一句空話。

不管再小、再微不足道的東西，在購買之前都要好好想一想是不是真的需要？是不是非得現在買不可？不管經濟再怎麼寬裕，也要有貨比三家的概念。這是家庭經濟必須具備的態度，也是對孩子金錢教育最有效的方法。

就算孩子說是必需品，猶太父母也不會立刻就買給他，而是會先給孩子一段時間，請他好好想想那個東西「真的需要」嗎？剛開始孩子對於自己的欲望無法馬上滿足時，可能會鬧脾氣，但是在反覆幾次過後，就會學到「對錢的忍耐力」。**在金**

錢教育中，培養對金錢的忍耐力很重要，儲蓄和投資都是在即使有充裕的錢，也能忍住不任意花用的基礎下達成的。

協助孩子自己管理零用錢和適當消費，也是很重要的金錢教育。因為孩子還不會賺錢，父母給的零用錢是唯一的收入來源。記帳是很好的方式，透過收集和整理發票或收據就能辦到。在整理發票或收據時，可以回想自己花了哪些錢，掌握消費的規模。漸漸地讓孩子懂得管理自己的錢財，不隨便亂花錢，並引導他們存下零用錢，教育他們捐贈的喜悅。營造捐贈的家風，衝動消費也會減少，還可以學到更有價值的花錢方法。

給父母的金錢教育錦囊

關於錢，孩子最常問父母的就是「媽，你有沒有錢？」「爸，你有沒有錢？」這種「有無」的概念，以及「媽，你有很多錢嗎？」「爸，錢怎麼這麼少？」這種「量」的概念。因為孩子不了解父母的經濟狀況，當他們開始對錢產生概念時，會經常提出這樣的問題。

當接到這樣的提問時，不要只是回答「沒有」或「媽媽錢很多」，可以稍微具體一點：「這是非常需要的東西，但是現在錢不夠，所以必須存錢才能買。」「因為這個東西價格比較高，所以媽媽一直在存錢。」「不管有再多的錢，買些用不到的東西就是浪費。」「雖然有錢，但是也不能隨便亂買。」這樣可以幫助孩子學習「存錢」和「浪費」等概念，打下正確消費觀的基礎。

關於「經濟獨立」的嚴謹文化與制度

所有教育的終極目標是「實踐」，而金錢教育的最終目標是讓孩子們在經濟上獨立，能妥善管理自己的錢財，好好經營自己的生活。但是韓國的現實狀況不一樣，就算找到工作賺了錢，還是有相當多人並未脫離父母獨立。很多人過了三十歲還是與父母住在一起，而猶太人從孩子十三歲開始就把他視為成年人，到了二十歲離開父母獨立更是理所當然的事，猶太人對孩子的「經濟獨立」有著嚴格的文化。

十三歲就足以經濟獨立

韓國並沒有特別的「成年禮」，大多都是幾個好朋友聚在一起慶祝。但是猶太人十三歲就舉行成年禮，猶太教的成年禮（Bar Mitzvah）很盛大，與婚禮一樣是一生中最重要的儀式之一。猶太孩子在成年禮前一年就會開始準備，背誦聖經、學習如何祈禱，樹立正確的自我認同。成年禮時，朋友、親戚、左鄰右舍許多人都會齊聚，祝福孩子成為一個「有責任感的大人」。前來祝賀的人都會給予祝賀金，金額依據父母社會地位的不同而有差異，但總是一筆為數不小的金額。最重要的是這筆錢父母不會私自花用，而會進行各種股票、債券的分散投資來增加資金，直到孩子二十歲。如此累積下來的錢，在孩子有需要的時候，隨時都可以動用。

孩子到了二十歲就正式在經濟上獨立，這並不只是猶太人獨有的文化，在大多數西方先進國家中，到了二十歲還沒有獨立的話，會招致許多異樣的眼光。他們通常會搬出與父母同住的家開始獨自生活，自己賺錢並經營自己的生活。當然，以韓國的情況來說要經濟獨立確實比較困難。房價太高，剛步入社會的青年不僅很難找到房子，就連工作機會也不足。但真正的問題在於社會整體的氛圍，大家普遍認為年輕人即使經濟不獨立也沒什麼關係。但世界上沒有一個國家能讓二十歲的青年無憂無慮獨立生活，雖然辛苦又困難重重，還是要離開父母，抱持為自己人生負責的心態獨立生活。

猶太人的成年禮儀式是讓孩子準備和計畫經濟獨立的起點，透過祝賀者給予的祝賀禮金進行投資，來教育孩子投資的重要性，讓他們學習接觸比零用錢更大規模的金錢。在孩子十三歲舉行成年禮之後，到二十歲完全經濟獨立這七年間，孩子都了解那筆錢「雖然是我的錢，但現在還不能用」，也清楚明白那筆錢會透過投資慢慢增加。同時也學習，在那筆錢真正成為自己可以使用的錢之前，必須忍耐。

是誰養出了「袋鼠族」

許多猶太人會創業，這也與他們的成年禮文化有關。以色列政府積極鼓勵創業，雖說從學生時代開始就接受培養挑戰精神的教育，但如果沒有種子基金（seed money），要挑戰創業還是沒那麼簡單。而猶太青年在完全成年前七年間累積的屬於自己的錢，就可以活用為種子基金。

孩子獨立出去過著屬於自己的生活，當然會有不少父母覺得捨不得，有著「孩子離開我的懷抱」的想法。但這是成年和成為社會人士必經的過程，為了孩子的人生著想必須這麼做。父母應該祝賀孩子獨立成堂堂正正的成年人，應該為自己一路以來養育孩子的成果感到欣慰。

「袋鼠族」的增加，或許可以說是父母那一代容忍的結果。回顧自己成長過程的辛苦，懷著絕不讓自己的孩子也受那種苦的心態，過分寬容地養育孩子。雖說對孩子的愛是天經地義，但我們應該反思，在經濟中過度保護是否會成為孩子獨立的絆腳石？

父母必須改變觀念，誰不希望孩子可以幸福，但那種幸福應該是教育孩子能夠獨立自主。那才是父母給孩子最珍貴的禮物。

給父母的金錢教育錦囊

- 用孩子的名字開立一個帳戶，同時告訴孩子那裡面的錢是「他的錢」，不管是五十萬元、一百萬元都好，要讓孩子看看存摺，告訴孩子「五年、十年後，這些錢可以成為你未來的基礎」。這是良好金錢教育的第一步。
- 逢年過節孩子收到紅包，父母總是會對孩子說「我幫你保管」。這句話可絕對不能忘，否則孩子就會認為「我的錢都是媽媽的錢」，這種情況如果反覆發生，日後父母和孩子要在經濟上分開就會比較困難。不管金額再少，都要讓孩子知道確切的金額，知道父母先替他保管這筆錢。待孩子有了多一點經濟觀念，再一起討論如何投資也是很好的方法。

以勞力賺錢的概念

金龜子一生只生活在一個土坑裡，所以並不知道有其他金龜子，也不想知道。花很美麗，人們會拿來當作禮物，但是對螞蟻來說，從未有過「花」的認知，即使抬起頭也看不到花的模樣，花莖、花葉只是擋牠道路的障礙物而已。即使生活在同一個地球，人們的生長環境和經驗都不同，看待世界的眼光也會不一樣。現在阻礙我們孩子正確金錢教育的障礙之一，也許就是阻礙孩子體驗勞動和金錢的父母。

薩姆爾的故事

在美國的石油公司中，以貝殼標誌而聞名的殼牌（Shell）是全球知名企業，到現在名聲還是非常響亮。有人以為這麼大的企業一定是財閥家族投入巨額資金創立的公司，但該公司最初是以進口扇貝的小公司起家，同時在該公司的歷史中還有個「無法適應學校生活的孩子」的故事。

一九五三年，一位在英國賣雜貨的猶太男子，家中誕生了第十一個兒子。他為兒子取名為馬可仕·薩姆爾（Marcus Samuel）。這孩子非常活潑聰明，但是一直無法適應學校生活。這樣的薩姆爾長大成了高中生，有一天，他的父親給他一張到日本的船票。

「去探索新世界，想想你可以為貧困的父母和十位兄姐做些什麼。還有每週五安息日前一定要寫信給母親。」父親這麼跟他說。

抵達日本的薩姆爾完全不知道自己可以做什麼，無所事事的他，接連好幾天都只是在海邊散步而已。有一天，他又到海邊散步，突然注意到日本人把撈起的貝殼肉挖出來，空的貝殼就隨意丟在海邊。薩姆爾走近一看，閃閃發亮的貝殼是他過去在倫敦很少見的東西。薩姆爾靈機一動，好不容易找到可以加工貝殼的人，把貝殼加工製作成各種物品後運到倫敦給父親。看到蘊含東方之美的貝殼加工品，英國人無不驚豔，紛紛掏腰包購買。薩姆爾又再製作更多貝殼加工品運去給父親，就這樣慢慢賺了不少錢。用那些錢，薩姆爾的父親有了自己的店鋪，貝殼加工品越賣越多，最後成為薩姆爾從事貿易的基礎，進而成立了石油公司，最後成為全球數一數二的富豪。

這如同奇蹟般的故事是怎麼發生的呢？是因為薩姆爾出色的創意和對西方人來說稀有的加工品嗎？還是要歸功於在貧困家庭長大的孩子吃苦耐勞的精神呢？原因當然很多，但這個成功的基礎在於薩姆爾的父母為孩子開闢了新世界的體驗。他們鼓勵孩子去日本挑戰，而不是侷限在學校的框架內，這改變了薩姆爾的思想和習慣，從而徹底改變了他的人生。

世界上最優秀的教育方式是讓孩子親自體驗，薩姆爾的父母給孩子全新的體驗作為禮物，孩子也勇於收下那份禮物，最後取得有價值的成功。

勞動是真正的學習

猶太人的金錢教育並非只有單純在家裡進行，或只有口頭討論而已，而是讓孩子在實際的生活中體驗勞動之後，教導他們金錢的意義。猶太人在孩子五歲左右，就開始讓孩子做些他們能力可及的事，例如自己穿脫衣服並疊好，或是整理鞋子等，讓孩子做一些他們做得到的簡單家事。到了十歲，就會開始讓他們做一些較難、較費力的勞動，並給予報酬，例如去幫忙買東西或洗碗。用這樣的方式教育孩子「透過勞動賺錢」的概念，讓孩子明白，只有透過辛苦的勞動，才能得到報酬。

猶太人對這一過程有多重視，可從一句話中看出來：「不教導孩子勞動的代價，就如同是培養強盜一樣。」從使用「強盜」一詞可以看出，在猶太人的金錢教育中，勞動是多麼重要。

有一次兒子的大學同學來家裡玩。那個同學說自己幾乎什麼打工都做過，不僅是一般服務業，就連到建築工地打零工也做過，兼職經驗相當豐富。他說因為經歷過很多工作，所以自己並不懼怕世界，做任何事情都很有自信。因為很早就接觸現實社會，讓他很快就掌握了經濟原理。我想他的父母應該會覺得這個孩子很可靠吧。對勞動和金錢的經驗不僅讓他產生自信，而且透過這些經驗他扎扎實實地準備獨立生活，真是令人欣慰啊。

不過或許有的父母看到他會這麼想：「他的家境一定很不好，年紀輕輕就做那麼多工作幫父母分憂。」「太早接觸到社會不好的一面，對孩子的教育來說不是不太好嗎？」

這是為人父母都會有的擔憂。但是做父母的不可能一輩子在孩子身邊為他阻擋各種艱難，也不能永遠給予孩子經濟上的支援。孩子成長到一個時期就必須獨立，必須獨自面對煩惱並解決問題，也必須經歷這世上醜陋不好的一面，既然這都是無法避免的，那麼從小就學會用自己的力量賺錢，隨著年歲增長在面對世界時就會更有自信。全球知名的殼牌公司，就是由一個被父母送去探索新世界，並從中體驗到勞動價值的孩子創立的。

只要父母優秀，孩子的人生就一定會幸福嗎？念好的大學就是幸福的充分條件嗎？幸福的人生，光靠好的大學是不會達成的，大學只是眾多選項中的一個。

現在就讓孩子進行「真正的學習」，經歷過勞動並了解其價值後，孩子會更堅強、更充實地為自己的未來做準備。

給父母的金錢教育錦囊

零用錢不只是「父母給的錢」，也可以是「我做家事賺得的錢」，要給孩子建立這種概念，那麼孩子在經濟層面上就產生與父母是分開的想法。這種經驗是經濟獨立的泉源。

不要認為叫孩子做家事是剝奪他們的時間，孩子也是家庭成員之一，應該意識到要維持家庭生活的順暢，孩子也必須做些有幫助的事。不管是打掃自己的房間或倒垃圾、幫忙資源回收分類等，可以持續去做的家事都很好，有時讓孩子做一些可以得到額外成就感的事也很棒，支付給他適當的報酬，孩子就會體驗到成就感和勞動的快樂。

金錢教育失敗父母的六種說話習慣

對孩子來說，父母是最早的老師和榜樣，是最親近的人也是監護人，孩子會完全依賴父母，因此和父母會越來越像。父母說的話會影響到孩子的意識和無意識。過去有所謂「餐桌上的教育」，家人一起吃飯時分享的對話會直接成為孩子教育的一部分。但是現在的父母要與孩子一起吃飯是越來越不容易了，對話時間越來越少，父母的每一句話變得格外重要。我們從金錢教育的觀點來看看，哪些是父母不該有的說話習慣。

我們的心裡很富足

這句話帶有滿足於小事、嚮往樸素幸福的意思。當然與其和他人比較而感到自卑，相較之下這句話對人生更有幫助。有時孩子羨慕有錢人，父母會說「有錢固然好，但更重要的是心靈富足」，或「雖然我們買不起那些東西，但我們的心裡很富足」這類的話來安撫孩子。但真的只要心靈富足就可以在這個世界生存了嗎？這些話在父母經濟能力有限的狀況下，對提升孩子的自尊心很有幫助，但卻不見得是灌輸孩子正確金錢觀念的話。錢多是富翁，如果連心靈也富足那就再好不過了。因此，**不須在強調「心靈富足」的同時刻意製造「所以生活貧窮也沒關係」的意念**。從金錢教育的觀點來看，「雖然這次因為錢不夠不能買，但媽媽會多賺錢，下次一定要買回家」，或是「我們雖然心靈富足，但現實中還是要努力多賺點錢」，這樣說才是比較適當的。

心情真好，今天吃炸雞吧！

在購買任何食物或物品時以「心情」為由，這在金錢教育上來說並不好。當然消費會使人心情愉悅，但那應該是結果，最好不要「因為心情好」所以去消費。**消費應該具有明確的理由**，像是「因為說好了這個禮拜要吃炸雞」、「因為今天沒有時間準備晚餐」有明確的理由，孩子才會學習到「必須有理由才能消費」。很多大人會為了緩解情緒而過度消費，這是因為從小開始就沒有將「消費和心情」明確分開而導致。

你念你的書就好，其他的交給媽媽

不想給孩子帶來金錢壓力，這是許多為人父母的心境，但是不想給予金錢壓力和孩子對錢沒有概念是完全不同的事情。「全都交給媽媽，你把書念好就可以了」，這種話會讓孩子對錢沒有概念。孩子應該也要知道補習費、書本費、通勤費這些花在自己身上的錢給父母帶來的負擔，這樣才會懂得錢的珍貴，並對父母懷著感謝的心。更重要的是**如果孩子有「我和錢完全沒有關係」這樣的想法，就會對經濟獨立的意志很薄弱**，反而會出現更依賴父母的傾向。

考得好就買新手機給你

用禮物與孩子交易成績的父母並不少。因為只要功課好，就能擁有自己想要的東西，所以孩子被賦予了動機。當然，與孩子的討價還價和協商都不是壞事，透過協商，孩子可以感知自己的選擇權和主導權，因此在教育方面也有作用，但重要的是**這會讓孩子對「必須用功的理由」感到混淆**。「為了換新手機」、「為了買新衣服」、「為了玩電動」所以才用功念書，這樣就是本末倒置了。如此一來，對於學習的想法以及關於金錢的想法，也就被扭曲了。

買這個啦，這個比較好

在買東西的時候，常見很多父母不讓孩子自己選擇，而是單方面替孩子決定。因為想買更物美價廉的東西，或者擔心孩子判斷力不足，所以想代替孩子做決定。但是，在任何情況下，父母都不該限制孩子的選擇權，單方面強求孩子接受自己的決定。**孩子在選擇的過程中可以經歷各種判斷，也能培養出自己的標準，如果父母取代了那個過程，就等於是剝奪了孩子學習創造自己標準的機會。**

當然，如果孩子的選擇很明顯不合理，父母可以帶著孩子一起討論，協助孩子調整。如果因為錢不夠而不能買孩子想要的東西，就坦率地說錢不夠，引導孩子學習如何在有限的條件下做出明智的選擇。不要認為這樣是承認父母經濟能力不足，在生活中需要的東西和購買的能力之間經常產生拉鋸，未來孩子也會經歷這樣的狀況，所以應該教導孩子，在資金不足的情況下，以較低價格購買自己想要的東西是合理的消費態度，而不是丟臉的事情。

如果做不到，乾脆不要開始

父母看到孩子堅持不懈、努力完成某件事情的樣子，會感到很欣慰。但這種情況如果一再反覆，有的父母就會生氣說出像「如果做不到，不如乾脆不要開始」這樣的話。當然這麼說並不是希望孩子一開始就放棄，父母還是意在鼓勵和刺激孩子

「要努力到最後」，只是用說反話的方式，希望能藉此激勵孩子。

每個孩子的專注力都不一樣，成就能力也不一樣。專注力不足的孩子並不代表能力差，無法集中注意力在一件事上面的孩子，可能是屬於「多重作業能力」型。而成就能力是在持續挑戰和失敗的過程中產生，如果孩子經常事情做到一半就中斷，或許應該回想一下是否一開始給孩子的動機不足，或是沒有確實給予正確動機。累積金錢的過程也一樣，不能因為一度沒能賺錢就說「乾脆不要賺了！」這種話，**即使失敗也要繼續給予勇氣，這是父母的角色，也是智慧。**

給父母的金錢教育錦囊

- 在家中沒有表定的「上課時間」，父母與孩子在一起的每一刻都是上課時間。所以不管是吃飯時聊天、一起去便利商店的路上分享的對話，都會成為教育的一部分。父母的所有行動、言語，對孩子來說都是「老師的行動和言語」，這一點請不要忘了。
- 現在的孩子對錢很敏銳，所以如果對金錢的話題太過迴避不是件好事。如果是孩子需要了解的金錢問題，就坦率地說出來；若是需要說服孩子的事情，就應該讓他們充分理解，這才是與孩子就金錢問題進行對話時最均衡的態度。

第2課

從父母的想法開始改變

所有的事都是從「發想」開始。不管是想法和計畫，出發的第一步非常重要，因為從這裡開始就要決定態度。由於很多父母從小就沒有接受過所謂的金錢教育，因此只能透過個人經驗或日常生活來了解金錢和經濟。但是這樣有時對經濟活動或金錢會抱有連自己都不知道的偏見，對於挑戰感到恐懼、必須要省錢的強迫傾向、創業會家破人亡的偏執想法等，都是對金錢和經濟的錯誤認識。

想對孩子進行正確的金錢教育，父母首先要轉變想法。從賺錢的目的到對挑戰的認知，讓我們放棄一直以來的錯誤想法，將其轉化為新觀念吧！

為什麼要賺錢？

在金錢教育中一定要教導給孩子的概念，就是要會區分賺錢的「目的」及「目標」。如果未能正確區分的話，可能會帶給孩子危險的金錢觀。或許雖然不會立即出現影響，但等到將來孩子長大成人之後，會很容易做出錯誤的選擇。當你問孩子「為什麼覺得錢多很好？」時，若孩子回答：「因為可以想買什麼就買什麼」，或是「錢本來就越多越好不是嗎？」這樣的回答時，就表示孩子尚未正確了解賺錢的目標和目的不同。

賺錢的最終目的是自由

「目標」是為了達到最終目的而逐一實現的過程。反過來說，「目的」就是逐一達成目標後，自己最終想做的事。如果目的是「我想活得有價值」，那麼為了這個目的去「幫助他人」就是目標；考試成績好只是目標，最終目的是以考出好成績進入理想的大學念想念的科系，成為優秀的成年人。

猶太人認為賺錢的最終目的是「自由」，賺錢本身只是一個目標，希望透過它來達到「自由」的目的。在《塔木德》中，一個叫約書亞的拉比（編按：拉比是猶太人中的智者）這樣說道：「世界上有四種人被視為死人。貧窮的人、痲瘋病人、瞎眼的人，以及沒有子女的人。」

當然現在不生孩子的人比比皆是；得了痲瘋病或看不見就被視為「死人」更是不可能發生。然而「貧窮的人被視為死人」這句話並沒有錯，因為沒有錢就等於自由被剝奪，不能吃想吃的東西、不能去旅行、不能學有興趣的才藝、不能過舒適無憂的生活。由於自己所擁有的自由權利和力量無法發揮，因此在《塔木德》中被視為「死人」。

人類追求各種崇高的價值，但其中自由的價值是最具壓倒性的。在現代社會犯重罪的人會被關進監獄，雖然他們不會因為坐牢就餓著肚子睡覺，每天三餐定時、早睡早起，規律地運動維持身體健康，但即便如此入獄坐牢還是「懲罰」，因為自由被剝奪了。由此可知自由對人類來說是多麼重要的價值。

小時候我曾感受過有錢的自由。在鄉下長大的我一直到國中為止都是走路上學，小學比中學還遠，要走一個小時左右才到。所以下雨天媽媽會捨不得就給我車費坐公車。其他同學也都差不多，下雨天為了方便都會坐公車。但是我選擇把那筆錢用作其他用途。我決心把錢花在讓自己能夠更滿足的事情上，所以情願淋著雨哼著歌走路上學。我之所以那麼辛苦，都是為了要買包子。走著走著，看到眼前的包子店，我會像風一樣跑過去。從口袋裡掏出濕濕的錢，堂堂正正地遞給包子店阿姨，露出燦爛的笑容。堆積如山的白色包子冒著熱氣像翩翩起舞一般，環繞著淋得濕漉漉的我，縈繞著臉和鼻子的甜蜜香氣，我嚐到了讓人神魂顛倒的滋味。每當路過包子店前，就會抑制住爆發的唾腺去學校。即使被傾盆大雨淋溼了衣服和鞋子也都不在乎了，輕輕抓住阿姨遞過來的軟軟的包子咬一口，心裡就會浮現出滿滿的幸福感。我總是祈禱著下大雨，下雨天就像過生日一樣開心。我非常喜歡吃包子，我下決心，如果以後變有錢了，要毫無顧忌地買包子吃到飽。

我用媽媽給我的錢買下「可以吃包子的自由」。當時的我並未想要變得很有錢，因為如果沒有包子那麼就算有錢也沒什麼意義。雖然當時年紀小什麼都不知道，現在回想起來，才發現當時的我似乎了解到金錢所帶來的自由價值。

把金錢當目的有何不對？

幾年前曾看過一則令人感到衝擊的新聞報導，那是「興士團倫理研究中心」進行的韓國「二〇一九年青少年正直指數」調查，調查結果顯示，韓國高中生有五七％認為「如果有人肯給十億元，那麼犯罪坐牢一年也沒關係」。看到過半數的孩子有這樣的回答著實讓人嚇了一跳，由此看來，不用給十億元，就算給一億元也會有孩子願意不惜犯罪坐牢。如果錢是最終目的，那麼即使是一億元，也肯定會做出同樣的選擇。韓國上班族的平均年薪，以二〇二〇年為基準是三千三百萬元左右，因此，入獄一年等於能賺到三年的薪資。從結果論來看，如果把錢當作最終目的，那是很有效率的選擇。但是，如果生活的目的不是金錢，而是具有自由的人，無論給他多少錢，也不會選擇去坐牢。

該問卷調查結果反映了孩子的金錢教育與金錢觀是多麼的錯誤。不管金額是十億還是一億，「只要能賺到錢，就算是傷天害理的事也可以做」，這樣的想法本身就是問題。

如果金錢成為最終目的，那麼「為了錢什麼都可以做」的想法就會被合理化。因此無論錢再怎麼重要、再怎麼寶貴，錢本身也不能成為目的。金錢是一種目標，達成這個目標後可以做更有價值的事情，可以享受更多的自由。

給父母的金錢教育錦囊

- 偶爾到飯店住或吃大餐，會讓人感到幸福。在孩子透過金錢感到幸福時，就跟孩子談談金錢的價值吧。「這飯店真好」、「這東西真好吃」，除了這樣感嘆，也要告訴孩子：「有錢的好處，就是像這樣可以讓我們擁有更豐富和自由的選擇。」讓孩子思考「錢和自由」的價值。
- 問問孩子，「如果有錢的話，可以獲得什麼樣的自由？」讓孩子自然而然地明白，比起金錢，「我的自由」更珍貴，賺錢的目的應該是為了「自由」。

一定要省錢？

這是曾受到歡迎的某理財節目中的口號。節目進行的形式，是向錯誤消費的人喊「Stupid！」，對省錢的人喊「Great！」並表示讚賞。也許是當時很多人對這個節目的主旨產生了共鳴，這句話也頗為流行。

想想錢的價值吧

「不花錢」的意思是省錢和存錢。關於金錢教育，這也許是一般父母第一個會想到的，也就是教孩子節儉的美德、養成儲蓄的習慣。儲蓄很重要，然而從金錢教育的層面來看，只強調儲蓄是不行的，因為錢的價值會隨著時間流逝而跌落。過去公車票價是一百元，現在則要一千元，隨著物價的上漲，貨幣的實際價值持續在下降。雖然有「積沙成塔」這樣的格言，但從經濟角度來看，可以說是「等到真的積沙成塔之時，價值已經暴跌」了。**雖然儲蓄是很重要的經濟行為，但必須牢記，金錢教育的核心是「以錢賺錢的方法」**。

錢滾錢

上一代的人從他們的父母那裡聽到的多半是「要省錢」、「不能浪費錢」這樣的話。尤其是在生活中，遇到緊急狀況時，平日積攢的錢剛好可以派上用場，更使他們對那些話深信不疑。因此他們也自然而然這樣教導自己的孩子：節省是唯一原則。但是如果只教孩子省錢是不行的，也應該要告訴孩子投資及增加財富的方法。不會投資的人就像只知其一不知其二的井底之蛙。為了健康，營養價值豐富的飲食固然重要，但仍必須運動；換句話說，人不能沒有營養素只靠做運動，也不能不運動只吃營養素來維持健康。

省錢和存錢是為了達到特定目的，需要大筆資金時使用。像創業基金和結婚基金當然要存，但如果不是為了那種情況，就應該不斷投資，賺取利潤並獲得股息。一定要記住「錢才能賺錢」的事實。

但是對一般人來說，「錢滾錢」一詞經常會讓人聯想到「投機」，有一種否定「神聖的勞動價值」的感覺。具有健全公民意識的父母，不會希望自己的孩子透過投機賺錢，因此對教育孩子這種概念猶豫不決。

然而遺憾的是，透過勞動能賺到的錢有限，只靠勞動根本無法跟上以錢賺錢的速度。經濟學家也認為，「在資本主義下，必然會出現不平等現象，而且這種情形會越來越嚴重，因為以資本賺錢的速度比勞動賺錢的速度快得多」。

因此，在資本主義社會想賺錢，就得選擇以錢賺錢的方式。**這不是在否認神聖的勞動價值，而是懂得「有效率賺錢」的智慧**，這和念書要有效率是一樣的道理。別人用功十個小時學會的知識，我用五個小時就學完；別人反覆二十次才背起來的單字，我十次就背起來，就是有效率的學習。我用自己的學習方式取得有效率學習的成果，難道就是否定「神聖的學習價值」嗎？

在「錢滾錢」的概念中包含「複利的魔法」，猶太人在孩子小時候就教導他們

「複利的魔法」：賺了錢儲蓄到一定程度後，接下來就是透過投資不斷增加資產。

很多人都知道，現在是光靠儲蓄已無法增值的時代。但我們不能僅止知道，應該積極投資多樣金融商品才能賺錢。股票可以在短時間內賺很多錢，也可以一夕失去所有，那多半是投機的結果；如果在穩建的股票上長期投資十年，那麼就能提高賺錢的機率。

從小只聽大人說要省錢的孩子，會對投資感到恐懼。如果對於正當運用資金投資裹足不前，就會相信只有透過勞動才能獲得收益。事實上，即使只有少量資金，也要創造投資機會，這樣才能有效地增加和維持財富。

給父母的金錢教育錦囊

想要讓孩子認識「利息」的概念，就必須儲蓄。把錢存進銀行，再少也會有利息。當利息入帳時就可以藉機向孩子說明利息的概念，但這錢並不是「免費的」，應該解釋是託付給銀行而得到的報酬，這是可以讓孩子理解何謂「以錢賺錢」概念的簡單方法。

許多銀行都有年金儲蓄帳戶、兒童存款帳戶等為孩子規劃的金融商品。即使只放少量的錢進去，也能讓孩子感受到「錢增加的樂趣」。

從失敗中學習的孩子會賺錢

我們對失敗往往帶有很大的恐懼，因為如果失敗，就會被不斷前進的隊伍淘汰，成為「落後者」。韓國之所以不提倡創業，是出自「事業失敗就是人生的失敗」的固有觀念。過度以學歷為主的社會也增加了對失敗的恐懼。只要考大學失利，就會被貼上重考生的標籤，被投以不友善的目光。但是從金錢教育的角度來看，失敗是必經的過程。父母應該鼓勵孩子「失敗了也沒關係！」讓孩子不要畏懼失敗，繼續挑戰新事物。

偉大的歷史是失敗的歷史

眾所周知，以色列是以創業著稱的國家，其背景是「容忍失敗的文化」。但反觀韓國，對失敗的容忍度極低，這是因為「面子文化」的關係。如果挑戰失敗，就等於是丟了顏面。尤其韓國社會普遍把孩子的成功視為父母的成就，這也是讓孩子害怕失敗的原因。孩子的成功等於父母成功的公式已然形成，站在父母的立場，孩子不能失敗，只有這樣才能樹立並延續家族的榮譽。這種傳統導致了逃避挑戰，如果在挑戰中失敗就會產生僵住、想要逃跑的態度。也許正因如此，失敗的孩子會籠罩在彷彿人生結束的情感中，變得越來越畏縮。

我的女兒主修經濟學，曾在全球知名企業和投資公司中實習，如今在新加坡一家ＩＴ公司工作。當她被問到「大公司很多，為什麼在風險高、規模小的新創企業工作」時，她回答：「在大企業能讓我發揮的空間有限，以後若想創業，就要在像新創企業這樣具風險性的公司裡工作過才行。」當時聽到她有這樣的想法我就已經感到欣慰了，後來她真的將創業的想法具體化，也遇到了貴人，創立了公司。

我在欣慰和自豪之餘對女兒說道：「媽媽一直都是支持你的，但千萬不要認為成功一蹴可幾，即使你失敗了也沒關係。」

女兒聽了不太開心：「不，媽媽！你應該為我加油，怎麼會說失敗也沒關係呢？」雖然從小我就以猶太人的教育方式培養她，但她的意識裡還是存在著不容許失誤和失敗的韓國傳統觀念。

猶太人從小生長在討論和辯論的環境中，**討論和辯論的目的不是為了尋找正確答案，而是看能激發出多少具有創意的答案**。追尋之前沒有的東西，找錯方向是很常見的，也常會有誤判的狀況。但在創意的世界裡，失敗是「家常便飯」，猶太父母也認為這是理所當然的事情，他們對失敗有不同的概念，認為「失敗是新的經驗」。

並不是因為自己哪裡不足或不好才失敗。**失敗並不會導致毀滅，失敗只是在尋找目標的過程中經常遇到的新體驗而已**。要記住，失敗次數越多，經驗就越豐富；經驗越多，就越能接近成功。《塔木德》對失敗給予這樣的鼓勵：「比起因失敗而後悔，不嘗試就後悔更傻。」

容許失敗才會成功

以色列的創業率高、成功機率也高，或許有人會以為是因為有政府支持，但如果真正理解以色列創業體系就會發現，並沒有如「魔法系統」般的政府支援。雖然與其他國家比較，以色列在支持創業、為失敗者提供援助方面有一些差異，但也並非具有什麼了不起的祕訣。以色列的創業支援系統與韓國差不多，只是提供空間或資金以及各種諮詢。那麼到底是什麼原因讓以色列成為創業之國呢？將失敗視為理所當然，從失敗中學習的創業態度就是祕訣。

想要培養「賺錢能力」，就必須知道「怎樣才能賺錢」，能聰明避開賺不到錢的路才能賺錢。因此，只有走過「賺不到錢的路」、「失去錢的路」，才知道如何避開它們以進入「賺錢之路」。

如果孩子失敗時父母皺著眉頭哀聲嘆氣，一付鬱悶的樣子，孩子就會認為「失敗是不容許的」，甚至還會試圖隱瞞自己的失敗。隱瞞考試成績就是一個例子。

若仔細研究猶太人的文化和教育、人生的智慧，會被他們的「包容性」嚇一跳。猶太人對喝醉酒後胡言亂語、搖頭晃腦地唱歌、甚至與人打架，都表現出極寬容的態度。因為他們認為，如果這種暫時的逾矩行為有助於維持踏實、勤奮的生活，在某種程度上是可以容忍的。但是猶太人對信仰生活非常虔誠，照理說他們應該不會寬待那些逾矩行為，不過實際上他們確實有這種「包容性」。

韓國的父母在教育孩子時，如果也能放鬆一點，變得柔軟些不是很好嗎？孩子現在的失敗不代表一生都失敗，失敗並不會決定孩子人生的全部。會失敗才是「人」，而且孩子在經歷失敗後才會慢慢成長為「大人」。

給父母的金錢教育錦囊

如果孩子在某些事情上失敗了，父母首先要管理好自己的表情，不要表現出失望或生氣，要問問孩子從失敗的經驗學到了什麼？感受到了什麼？父母的表情、提問、笑容和鼓勵都是金錢教育的一部分。想要做好金錢教育，父母首先應該柔軟寬容地看待失敗。

但是，我們不能容忍因故意不努力而導致的失敗，也不能容忍在同一件事上的反覆失敗。這時，應該一邊和孩子討論失敗的原因，一邊認真、嚴正地提出建議。

了解貧窮的痛苦

對子女的愛是不分國籍和種族的，但是韓國人對子女的愛有獨特的一面－以「犧牲」為前提來愛子女，認為即使要付出巨大的犧牲，也要把一切都給子女。所以連自己老年生活的準備都沒顧到，把錢先拿來繳孩子的補習費。甚至還有一種「大雁爸爸」，把孩子送到國外念書（通常媽媽會跟過去照顧），然後自己獨自留在國內拼命賺錢。這份犧牲的愛「代代相傳」，子女都養大了，還接續代替子女照顧孫子，資助子女，這一切都是出於希望自己的孩子不要活得那麼辛苦。但**在進行金錢教育時，應該摒除「希望我的孩子不會遭遇痛苦」的想法，因為在人生中，痛苦是無法避免的，正確的教育不僅要教導光明的一面，也要讓孩子了解黑暗的一面。**

經歷過困難才能克服困難

猶太孩子在父母的公司裡學習的例子有很多。尤其在家族企業，常見猶太人會先讓孩子做最辛苦的工作。曾經有一位韓國人到一間以色列的大企業訪問，他上洗手間時，遇到一個特別認真打掃的青年，讓他留下深刻的印象，於是問青年是不是該公司的職員。

「不，我只是個實習生。」青年這樣回答後，又埋頭繼續打掃。

韓國人非常欣賞青年沉靜、務實的樣子，事後見到公司代表時特別提到那個青年。

「剛才我在洗手間見到一名青年，非常努力做好自己分內工作，那模樣真是讓我印象深刻，他說他只是個實習生。」

「啊，那個青年是我的兒子。」

猶太人讓子女打掃洗手間，讓他們學習勞動，教育孩子不要對職業產生偏見，韓國人對此深有感觸。這在韓國很少見。在韓國，父母都想讓孩子在好的環境、好的崗位上工作，因此，有些父母會找關係，甚至打電話到子女實習的公司「關切」。

一名青年畢業於韓國最好的大學後進入某公司實習，公司安排青年做些影印、裝訂等雜務，一週過後，青年的母親打電話到公司：「我送我兒子去念那麼好的大學，不是為了讓他在你們公司做些影印的工作，如果你們只讓他做那些事，那我就叫他不用去上班了。」後來，公司主管在青年實習期間，就不派給他任何工作，讓他整天閒著沒事，實習結束後就沒再聘用他了。

在這兩個故事中，猶太父母和韓國父母鮮明的對比，就是父母對待「孩子受苦」的態度。**猶太父母讓孩子從小經歷困難，透過這些經歷幫助孩子導正思想、拓展看待世界的視角**。但是，韓國父母卻希望自己孩子不要遇到一點難關。

猶太人金錢教育的核心之一是「貧窮和匱乏的經驗」。從小就習慣於貧窮和匱乏，並自然而然地接受，以培養出日後無論遇到什麼困難都能自我克服的力量。不讓孩子將來變得貧窮的方式，並不是遠離貧窮，而是要教育孩子正向面對貧窮。讓他們知道貧窮是多麼大的詛咒和痛苦。

《塔木德》赤裸裸地表現了貧窮和匱乏的實質：「如果把世上所有的艱難和痛苦都集中起來放在秤的一邊，把貧困放在秤的另一邊，秤會倒向於貧困的那一邊。」

在猶太人的俗語中還有這樣的話：

「窮人只在四個季節受苦：春、夏、秋、冬。」

「人類需要的是衣食住行和金錢。」

「無法戰勝貧困就沒有美好。」

這些話說得很「直白」。猶太人之所以擁有賺錢的能力，或許正是因為存在對貧窮的恐懼感吧。

讓孩子能長久幸福的方法

如同前面提到的，猶太父母不會在孩子想要什麼時就馬上買，他們會重複問「你真的想要嗎？」讓孩子等一段時間，並問孩子想要的東西多少錢，讓他思考會不會太貴。這不是故意為難孩子，而是要讓孩子徹底了解，不管多想要那個東西，前提是必須有錢。如果孩子說「媽媽，我想要那個」，就毫不猶豫地馬上給他買，那麼**孩子根本就沒有機會思考「想要的東西」與「錢」之間的關係**。

告訴孩子關於貧困的痛苦，讓孩子知道不是任何要求都可以立即滿足，教導孩子黑暗的一面，他才會知道光明有多重要。只有充分了解沼澤是什麼、那裡有多危險，他才會知道應該要奔向草原。這就是為什麼猶太人從孩子小時候就讓他們知道，人生中遇到的很多痛苦都是因為沒有錢造成的。

但是，韓國的情況如何呢？為了保護孩子，根本不給孩子機會認識貧窮。結婚幫忙買房子、創業提供資金贊助、欠了債就幫忙還，無論多大的犧牲，只要是為了孩子都願意。以犧牲為前提的關愛成就了今日韓國的基礎，即使吃不飽也要讓孩子讀書，這種力量提升了韓國的教育水準；以不能讓孩子捱餓的心態努力工作，創造了驚人的「漢江奇蹟」。

但是如今我們生活的時代改變了，各種福利制度，讓父母不用餓肚子也能送孩子上學。甚至即使不上學，也可以自學通過同等學力測試。在比過去更加富饒的時代，父母實在沒有必要以無止盡的犧牲來成就對子女的關愛。

父母不能永遠和孩子在一起，父母離開後，孩子的人生還是會繼續。因此，孩子應該用自己的力量面對世界。即使眼下感到可憐和心疼，也要為孩子的未來培養獨立心和自立心。這才是讓孩子可以長久幸福的方法。

給父母的金錢教育錦囊

- 如果不是學習用品或生活必需品，無論孩子多麼想要，都必須告訴他「不能馬上買」。可以問他「真的要買嗎？」「為什麼需要？」反覆詢問孩子後再做決定。
- 放棄「只要是為了孩子，我能犧牲一切」的想法。那種犧牲會使父母的生活陷入痛苦，不幸福的父母能培養出幸福的孩子嗎？
- 面對辛苦勞動的人，千萬不要跟孩子說「你不好好念書也會變成那樣」。那種話不是在告訴孩子貧窮的痛苦，只是在誤導他對勞動和職業產生偏見。

猶太人鼓勵創業的真正理由

韓國父母最害怕的事之一就是「創業」。因為創業通常需要一筆為數不小的資金，如果不成功就會成為不光彩的「負債者」。根據二〇一七年的資料，若子女表示想創業，只有二六%的父母贊成，其餘大多是不強烈反對，但也不會支持。也就是十位為人父母中，有七位對創業抱持消極的想法。當孩子說要創業時，從父母那裡聽到最多的話常是「你想毀了人生嗎？」「想把家裡毀了嗎？」如果從小聽著創業失敗故事長大的話，對創業是個「邪惡黑洞」的認知就更牢固。

但是猶太人為什麼鼓勵青年創業？全世界賺錢能力最強的他們，會如此拼命創業是有原因的。

帶來無限可能

猶太人定居的以色列是環境條件非常惡劣的地區，三面荒漠，天然資源匱乏。因為這樣的背景，所以經常和韓國拿來比較。韓國的北邊被北韓阻擋，其餘三面都是大海，處於孤立的地形，天然資源也很貧乏。但是以色列比韓國更不利，土地面積只有韓國的十分之一，人口也只有八百七十萬人左右，還不及首爾市人口總數。儘管如此，以色列的平均創業率在全世界最高，有八千家左右的自創企業營運著。

以色列的創業潮背後有父母的支持，猶太父母認為創業是猶太人哈柏露塔教育追求的頂點，也是發揮創意的最佳機會。

創意的核心之一是「解決問題的能力」。有人說創業是不斷解決問題的過程，這句話沒有錯。創意型人才不是只有好點子，還必須對特定事物具備專注力，而最能發揮這種能力的就是創業。初期的創業成功，很難稱為完全的成功，至少要在那個領域堅持十年，才會被認可為真正的創業家。創業可確保自己擁有人生的完全主導權。在公司上班，為了不被減薪或解僱，往往得看別人眼色做事，但是創業者則是靠自己的意志和判斷力來經營企業。

比起賺多少錢，「人生的成長」才是創業帶來最大的禮物。隨著經驗的累積，看待世界的眼光會越來越寬廣，在反覆經歷成功和失敗的過程中，能更快體悟到成功的方法。從由這一點來看，創業能讓人進入無限可能的世界，也是考驗自身能力的機會。如果創業成功，就能過更好的生活；即使失敗，也會進一步成長，為接下來的規劃注入巨大動力。孩子在學生時代培養學習能力和探索精神，打下基本的社會生活基礎。經歷創業過程之後，則可懂得經濟原理，掌握資金的流向。創業就是用自己的工具走向世界。如果想將孩子培養成積極發揮創意、無所畏懼、有勇氣的孩子，就應該鼓勵他們挑戰一切。

培養賺錢能力的真正機會

韓國現在的創業環境與過去有很大的不同，只要有熱情和挑戰精神，得到創業資金支援並不難。因此，問題不在於創業成功與否，而在於是否勇於挑戰。

因此「作為過程的創業」非常重要。如果願意挑戰激烈的競爭，並具有在競爭中努力前進的態度，即使失敗了，也可以用在此過程中學習到的智慧和經驗進一步開拓人生，想法和觀點也會因此產生變化。子女經歷了創業過程，無論結果如何，都是人生的一大成果和成長。因此，父母應該揚棄恐懼和成見，支持和鼓勵子女。

從軍對韓國男人有獨特的意義，那是履行了國家賦予的國防義務，只有當過兵才能成為「真正的男人」。即使是在軍隊裡經歷了許多痛苦，也會因此而成熟，感受到自己肩負的責任感，感受到父母的大愛。

創業也是一樣。只有進入創業的世界，了解經營邏輯，才能明白社會是如何運轉的，才會體認到賺錢會遇到什麼困難。只有經歷過這些，才能學會並掌握「賺錢能力」。歸根究底，創業不管是成功或失敗，都是「有賺頭的買賣」，所以有必要阻止孩子嘗試嗎？

給父母的金錢教育錦囊

- 有機會可以告訴孩子「公司」的作用。我們生活周遭使用的所有東西都是由各個公司生產的，我們享有的服務也是由各個公司提供的。透過日常生活能經驗到的，先讓孩子了解何謂「公司」，以及公司在社會中具有什麼作用。
- 不要吝惜鼓勵和稱讚孩子，也不要害怕讓他們去挑戰，要教導孩子，如果是真心想做的事就去挑戰，努力過後即使失敗也沒關係。父母的鼓勵能讓孩子擁有積極主動的態度。

第3課

培養賺錢能力的創意想法

猶太人對「想辦法賺錢」的意識很強，因為他們沒有強大的政府，也沒有豐厚的資本，只有透過不斷想出新點子才能生存。這樣的意識使猶太人相當重視創意教育，以提問和討論為主的「哈柏露塔」教育，就是快速彙集眾人想法、累積智慧的最佳方法。

賺錢的能力最終也來自於創意。必須建立差異化的服務或產品吸引顧客，才有機會賺錢。創意不僅在教育方面很重要，也是創造財富的最佳方法。

猶太人的「商術」

猶太人自古以來就很有賺錢的本領。猶太人的這項能力首次在韓國廣為人知是在九〇年代初期，經濟專家將他們的能力稱為「商術」，指稱猶太人是「商業能力出眾的民族」，或說他們的商業手段「任何民族都難以企及」，聽起來似乎帶有貶義。因為商術在詞典裡解釋為「做生意的伎倆或智謀」，給人一種「雜技」的印象。當時在媒體報導上也曾出現「巧妙模仿猶太人的商術，以兒童作為對象進行交易」這樣負面的形容。

但實際上**猶太人的商業手段來自創意，他們將別人想不到的奇特想法轉化成商業創意**，才得以實現各種可能。猶太人不受框架束縛的思考方式，使他們成為最有能力、最具商業頭腦的民族。

將弱點變成優勢的意志力

猶太人非常善於利用自身的不利因素反過來創造成功，最具代表性的例子就是「百貨公司」。現今已成為全球通用的流通與銷售方式之一的百貨公司，就是始於猶太人。過去基督教徒屬於正統宗教人士，是社會的主流勢力，因此可以開設專門商店如農業機具專賣店、生活用品專賣店等。被視為異教徒的猶太人則無法開店，所以他們靈機一動，在車子裡放了很多商品，一邊開車一邊賣東西。

與專賣店相比，這是非常辛苦且簡陋的經營方式，但是這種克難的銷售方式發展成將各種物品聚集在一起銷售的概念。把各種用途的東西集合在一起販售，人們可以很方便地一次購足，無法開設專賣店的限制反而成了優勢。另外，以量制價的銷售方式也是從猶太人開始的，他們不賣一串串的葡萄，而是直接賣整座的葡萄園。

「仲介」（broker）制度是另一個從逆勢中掘起的例子。在證券市場開放初期，仲介並不是正常交易的主體，幾乎等於「雜工」，而沒有資本的猶太人只能以仲介的身分參與。但隨著時間的推移，金融市場開始被擁有廣泛網絡的猶太人仲介左右，結果出現了「證券經紀人」這一新型職業，而且幾乎被猶太人壟斷。這樣一來，證券市場也等於被猶太人掌控了。

將自己所處的惡劣條件轉化為強項的能力，來自於「創意性」。能為孩子創造近乎完美成長環境的父母並不多，即使經濟富裕，但對孩子來說也不是絕對完美的環境。養育孩子不能光靠錢而已，孩子會感受到的匱乏和不滿有眾多樣貌，父母也無法完全滿足他們的心理狀態。因此，不應該一心只為孩子創造完美的環境，而應該教育孩子自己去發現不足、彌補不足。**在檢視孩子「缺少什麼」之前，父母不如先觀察孩子有沒有「戰勝不足」的能力**，並教導孩子運用那份能力自我成長。

從自發性和主導性中綻放的創意

創意是近年來父母關心的議題，父母無不希望能培養出具有創意的孩子，社會趨勢也認為創意決定了孩子的學習和未來。由於為人父母的關注，「創意」在不知不覺間成為一種充滿壓力的難題。父母一方面對於自己是否真的了解何謂創意而感到困惑，另一方面又擔心「我的教養方式真的在培養孩子的創意嗎？」

創意其實並不是什麼了不起的特質，並非是只有頭腦好、聰明的孩子才有的能力。創意是從充分尊重孩子個性開始，所有孩子都有創意，只是在教育環境的影響下被掩蓋而已。孩子有自己的創意、潛力、個性，卻在單方面、高壓式的教育下成長，大人老是說「不可以」、「這樣做才對」，把孩子限縮在既定的框架內。世界著名畫家畢卡索（Pablo Picasso）就這樣說道：「每個孩子都是藝術家，問題在於長大成人之後是否能夠繼續保持藝術家的靈性。」

我們把孩子視為需要管教和訓育的對象，但用這種態度無法挖掘出孩子的潛力。許多父母對孩子說的話不以為意、漫不經心，只是一味指責或指揮孩子照父母認為對的方式去做，但這樣是不正確的。**父母的角色應該是找出並尊重孩子與生俱來的固有個性，幫助孩子創造性地成長**。如果孩子一遇到困難或陷入困境，父母就立刻主動出面解決，在這種過度保護下長大的孩子，會失去解決問題的能力，也會變得意志薄弱。把一切都交給父母的孩子，怎麼能成長為有創意的孩子呢？

但這不是指在孩子遇到困難時，就丟一句「這是你的事，你自己看着辦吧」這樣漠不關心或放任不管的意思。當孩子遇到困難時，父母要和孩子一起思考，尋找解決方案。如果父母直接說「照我說的去做就對了，你那是錯誤的方法」，長久下來，孩子遇到問題時就不會再自己思考了，而是會依賴父母的判斷，不相信自己的判斷，甚至日後只會做出「父母可以認同」的判斷。不管孩子處於什麼狀況或自己無法最大限度地支援孩子，也要鼓勵孩子「想想看能做些什麼」，說不定孩子會自己找出連父母都沒有想到的辦法。

在父母眼中孩子永遠是孩子，但是在不知不覺中，孩子會自己思考、判斷、成長、接受這個世界，我們應該相信孩子的判斷，有必要時在一旁協助孩子修正方向，不要誤入歧途就好。

這就是猶太人哈柏露塔教育的精神，**不把自己的想法和判斷強加在孩子身上，而是為孩子指明方向，讓他自己找路。透過討論和提問，讓孩子獨自去尋找答案。**

要記住，在自發性中會產生主導權，有主導權才能綻放創意。

給父母的金錢教育錦囊

透過學校生活，孩子會逐漸了解自己的弱點。如果孩子對自己的弱點或不足感到不滿或苦惱，父母要協助孩子轉換觀點：弱點也可能成為優點。讓孩子思考「要怎麼做才能把自己的弱點變成強項呢？」

讓孩子承認自身的弱點，並引導他思考化弱點為長處的過程中，孩子的自主性和創意性就會有所成長。不要一味地替孩子掩蓋弱點，應該讓他明白，如果堂堂正正地承認自己的弱點，同時轉念積極向上，可能會產生意想不到的結果。

扭轉逆勢的想法

據說在以色列有間創新育成中心，採取「先到先得」的方式來決定入選者。國家用稅金資助的創業補助，居然用報名順序來決定人選，這合理嗎？政府提供經費支援青年創業，一般都認為應該嚴格選拔有資格的人選，畢竟那些錢是國民的稅金，而且這麼做才能提高成功的可能性。但是以色列的那間創新育成中心卻向所有人開放，因為他們認為前來申請的新創項目都是具有獨創性的，很難制定標準進行審查。因此，用項目來選擇可獲得補助的對象沒有意義，因為所有有創業意志的人都有資格。

雖然乍聽之下有點難以理解，但仔細想想，誰能預測哪一個新創項目會成功呢？有許多看似天馬行空、好像沒什麼用處的想法，日後卻改變了世界，而且許多改變世界的想法一開始都是源自於非專業人士。例如臉書並非由ＩＴ產業專家發想的，而是由幾個大學生一閃而過的創意而誕生。所以重要的不是擁有多少該領域的專家、多少專業知識，而是這個想法有多「另類」、有多「新穎」又「獨特」。

一個老人臨終前的想法

一八〇〇年代中期，美國加州的金礦吸引了全世界想一夜致富的人蜂擁而至，在被稱為「淘金熱」的這一波熱潮中，猶太人當然沒有缺席，他們也來到加州搶占採礦權，迅速累積財富。

德國裔猶太青年李維．史特勞斯（Levi Strauss）就是其中之一。但他到了礦區並沒有去採金礦，而是做起了帳篷生意。他心想在野外工作的礦工那麼多，一定需要一個可以躲避陽光、吃飯休息的帳篷。有一天，他接到了大量帳篷的訂單，他把握這個好機會，花了很多錢訂購原料製作帳篷，但沒想到製作帳篷的公司倒閉了，他備的布料一下子成為庫存，已投入的成本都無法回收。但是史特勞斯並沒有氣餒，他開始發揮創意，想到用那些布來做褲子賣給礦工如何？因為那些布料都是堅韌的材質，不容易毀損或撕裂。再加上礦場都靠山，經常有蛇出沒，所以他又想到可以把布染成蛇討厭的靛藍色。就這樣，史特勞斯生產的褲子推出後大賣，不只賺回本錢還讓他致富。史特勞斯做的褲子就是今日的「Levi's牛仔褲」。

也有人在命運註定的情況下並沒有絕望，反而透過意想不到的點子撈了一筆，猶太研究家柯友輝就描述了一個有趣的故事。一名七十七歲的猶太人佩拉在臨終前託付家人幫他刊登一則廣告，家人心想佩拉就快走到生命終點了，應該是想藉此反思自己的人生或留下什麼名言吧，但是廣告內容卻完全出乎大家意料之外：

「我就快要去天國了，如果有人想對已在天國的家人說什麼，歡迎來告訴我，我會幫您轉達的，每人只收費一百美元。」

更意想不到的是反應居然很好。人們看到廣告後紛紛來到佩拉家門口排隊，請他幫忙「傳話」。他臨終前躺在床上還賺了好幾萬美元。也許有人會指責他是「死愛錢」的猶太人，但不得不承認，猶太人就是能想出這樣奇特又具差異化的點子，將局勢扭轉成對自己有利，讓人瞠目結舌。

比起最好的還有更好的

猶太父母經常對孩子說「再想想還有沒有別的」。猶太父母的一貫態度是「比起最好的，還有更好的」。與眾不同才叫做創意，才能創造更好的賺錢機會。反觀韓國的教育，單方面的教導只能將學生「訓練」成每個人都是同樣的思考模式。雖然為了改善這種狀況，在升大學制度中特別規劃了「論述」考試，讓學生針對不同主題闡述自己的想法，但這種策略造成的結果，只是教導論述考試如何拿高分的補習班應運而生。

有句猶太俗語是這麼說的：「獅子害怕蚊子，大象害怕螞蚱，蠍子害怕蒼蠅，老鷹害怕蜘蛛。」

獅子是萬獸之王；人要是被大象踩一腳會連骨頭都會被踩斷；蠍子有劇毒，在沙漠中無人能敵；老鷹用銳利的嘴和眼睛支配著天空。但是，這些巨大或兇猛的動物，最害怕的卻是蚊子、螞蚱、蒼蠅、蜘蛛等又小又不起眼的昆蟲。這個俗語告訴我們「逆向思考」的價值，有些生物看似軟弱，但實際上卻擁有能戰勝最強生物的反轉力量。

在面臨破產危機的情況下，想到將可能成為廢物的原料做成其他產品的史特勞斯；面臨死亡，卻還在想如何在最後再賺一筆的佩拉，他們沒有僵化地接受既定的結果，而是用與眾不同的想法創造了新的機會。危機成了轉機，絕望說不定是希望。

《塔木德》裡這樣說道：

「傻子錯過機會，智者抓住機會；弱者等待機會，強者創造機會。」

「悲觀的人看到機會的另一面是問題，樂觀的人看到問題的另一面是機會。」

只有改變「定型化的思想框架」，才能扭轉局面，為自己創造獲利的空間。當然，逆向思考的目的並不只是賺錢，孩子在成長過程中，會經歷無數次危機和困境，懂得轉念思考能讓他們不畏懼艱難、勇於挑戰。這樣的生活態度才是給日後將走向世界的孩子最寶貴的遺產。

給父母的金錢教育錦囊

當孩子說「媽媽，我沒有辦法了」、「我也沒想到會這樣」、「我真的不知道該怎麼辦」時，如果父母也束手無策，孩子就會不想努力乾脆放棄。此時父母可以鼓勵孩子「一定還有其他路可走」、「別只想著缺點，我們一起來找找其他優點吧」，與孩子分享想法和心情是最好的加油方式。

父母若也曾有在劣勢中逆轉的經驗，可以分享給孩子。不論鼓勵還是安慰，具體的事例是最好的教材。可以是父母自己的經驗之談、周遭親友的例子，或者找一些名人或偉人的軼事說給孩子聽，都能夠帶來很好的刺激。

培養創意的最佳時機

教養一個凡事不滿的孩子並不容易，喜歡抱怨、對什麼都不滿意，身為父母的也會心累，更擔心孩子日後會成為一個消極的人。看到孩子這樣，父母難免會產生疑慮和愧疚感，「難道是我沒把孩子教好嗎？」但是只要好好處理孩子不滿的心態，就能培養孩子自己解決問題的能力。

抱怨不滿的背後

在《塔木德》中有個故事，描述拉比的女兒如何將皇帝的不滿情緒轉化為感謝。

有一天皇帝來到一名拉比的家，滿臉不高興地說：「上帝就像小偷一樣。趁男人睡覺的時候拿走肋骨，這不就是偷東西嗎？」

這是出自《聖經・創世紀》上帝用亞當的肋骨打造夏娃的故事。

當時在一旁的拉比的女兒聽了便說：「陛下，昨天晚上發生了一件尷尬的事。能否請陛下派個人來幫忙？」

要派人有什麼問題，但皇帝更想知道到底是什麼尷尬的事。

拉比的女兒回答道：「昨晚我家遭小偷，小偷把保險箱偷走，卻留下一個黃金罐子，我們想請您派人幫忙調查一下怎麼會發生這種事。」

皇帝驚訝地問道：「這怎麼會尷尬呢？這是好事啊。如果有那種小偷，我也希望遇到。」

拉比的女兒接著說：「這件事和上帝拿走亞當的一根肋骨沒什麼兩樣。雖然上帝帶走一根肋骨，但不是留下一個無價的女人嗎？」

皇帝聽了點點頭，從此不再說「上帝像小偷」了。

皇帝強調的是「肋骨被盜」，對此表示心中的不滿；而拉比的女兒把重點放在「夏娃的誕生」，強調這才是值得感謝的事。如果能成功改變觀點，那麼就能反轉自己所處的劣勢及看待事物的角度。

將缺點轉變為優點的方法

我們在日常生活中會用到很多東西，其中有些東西使用起來不方便，這種時候我們都會怪生產公司或製造物品的人，想說這種東西怎麼能賣？此時不妨換個角度思考，不要站在消費者的立場，而是把自己當作生產者或製造公司的老闆，我會如何改善這個不好用的東西？如果是我，要如何製造更方便使用的物品？在思考改善現實生活用品的便利性時，可能會得到意外的想法。發揮創意，將不便改善成為便利就是一個新的事業項目。並非只有無中生有才叫創造，將現有的東西做改變也是創造。這個世界上所有的發明都是「不滿之下的產物」，例如筆記型電腦是為了便於隨身攜帶而誕生的；馬跑得再快終究體力有限，因此才促成了汽車的發明。

當孩子表現出不滿的情緒時，父母可以引導孩子將負面情緒轉換成創造的動力，如果孩子抱怨，可以這樣問：「那麼如果想解決這個問題，你覺得應該怎麼做？」

不要催促或訓斥孩子，而是將孩子導向創造性的思考，那麼孩子就會慢慢自己想出解決問題的方法。想解決問題必然會遇到各種限制，這就會激發孩子的創意性，思考突破限制的方法。這種態度也有助培養孩子的人格。當孩子與朋友吵架，氣呼呼地回到家，父母可以問孩子：「現在你覺得應該怎麼解決問題呢？」在氣頭上的孩子可能會不高興地說：「是他錯了，我還能做什麼？」如果父母可以和孩子真誠對話，孩子就會自己尋找解決方法，在過程中也能讓他學會面對自己的缺點，並仔細思考問題。

臉書的創始人祖克柏性格非常害羞，就算在朋友面前也一樣，在與人面對面溝通交流上有點障礙。但他把這項缺點，轉換成為臉書的「按讚」和「分享」功能，將想表達的心意在背後默默傳達。他成功把自己的缺點變成了商業點子。

改變孩子的觀點是一種非常有效的教育方法，只要改變想法的方向或框架，就能帶來完全不同的結果。

給父母的金錢教育錦囊

引發孩子不滿情緒的原因有很多，可能是沒有信心或壓力大，也有可能是為了要吸引朋友注意。如果在跟孩子談過之後發現是上述原因，就要幫助孩子增加自信心，學習如何調適壓力。

也有一些孩子是在無意中將父母的行為內化，因為父母本身就經常抱怨，所以孩子也習慣表現出不滿，即使是一點小事也會累積負面情緒。父母很容易從孩子身上看到自己的樣子，所以父母也要時時省察自己。

讓孩子致富的七大「虎之霸」精神

猶太人的精神文化裡有著一種「虎之霸」（Chutzpah）精神，存在於猶太人的教育、公司經營、社會運作的原理中。簡言之，這是猶太人精神的核心，也可以由此看出猶太人這麼會賺錢的原因。虎之霸有「膽大妄為、毫無顧忌」的意思，由七種精神組成：**勇於冒險**、**目標導向**、**打破形式**、**從失敗中學習**、**融合與合作**、**堅持不懈**、**提問的權利**。如果孩子們能夠將虎之霸精神內化在心中，就能成長為優秀的人，可抓住擁有財富的機會。

點燃孩子腦海中的火花

虎之霸中「**提問的權利**」，就是對探索新知的渴望。猶太孩子如果有不理解的事，都理所當然覺得要提問、討論。這種文化裡還蘊含了平等精神，無關年齡大小、地位高低，都敢於說出自己的想法，樂於與對方辯論。這樣一來，就會產生「衝撞」，自己所知道的和對方所知道的混合在一起，碰撞出火花，開啟新的道路。

若想讓孩子勇於提問，父母首先要具備開放的態度。孩子的問題千奇百怪，有時候會遇到難以理解或很難回答的問題，父母很容易就會迴避或置之不理，有時是不確定回答是否正確，擔心如果回答錯了會對孩子造成不好的影響。但是如果父母對問題有顧忌，孩子就無法自然地、勇敢地提出問題，也失去探索答案的機會。父母應該摒棄「要正確回答孩子問題」的強迫心態，如果遇到不確定的問題，可以邊搜索邊了解，告訴孩子「爸爸覺得應該是這樣」或「媽媽知道的就這麼多」，然後讓孩子自己進一步去找答案。父母在其中扮演類似「橋梁」的角色。

不要忘了，善於提問的孩子也是接受過很多提問的孩子。**父母可多向孩子提問**，除了知識或資訊等的問題之外，關於人生目標、最近的生活是否快樂、對什麼有興趣等私人問題也很好。若總是問一些與學校有關的問題，不僅會讓孩子厭煩，這也是最容易敷衍回答的問題。提一些具體的或意想不到的問題，能夠引起孩子的興趣。世界上所有的一切都可以成為問題，當父母向孩子提問時，孩子腦子裡就會點燃火花，開始思考。

想要點燃孩子腦中的火花，就不要在意別人的眼光。尤其是韓國人，對別人的視線特別敏感，但如果太顧慮旁人，事事都被「別人看了會不會覺得很奇怪」的想法束縛，孩子就會對挑戰卻步，心想「會不會被媽媽罵？」「別人會覺得我是怪咖」，這樣的孩子如何勇於嘗試呢？所以「**打破形式**」很重要。

為了培養勇於打破形式的精神，**父母應該對孩子的言行表示認同**，只要不是不道德或對別人造成傷害的行為，就應該肯定並認同孩子。不同個性的人做事的方法也不同，應該站在孩子的觀點來看他為什麼這麼做，而不是用父母的觀點或旁人的觀點來評判孩子。

「**從失敗中學習**」也很重要，為人父母無不希望自己的孩子一生順遂，走在安全的道路上安穩地取得成功。但沒有一種成功不是歷經失敗、學習而來的。當孩子遇到失敗並向父母訴苦時，父母不要表現出失望或嘆息，而是要告訴孩子失敗並不需要羞愧：

「現在知道這樣做不行，下次就不會重蹈覆轍了。」

「哇，這次經驗可以學到很多呢！」

如果父母能以正面態度接受失敗的事實，孩子也會成長為不怕挑戰、具有從失敗中自己站起來的力量。

認識高風險與高收益的關係

「**目標導向**」和「**堅持不懈**」是一體兩面。若沒有明確的目標，堅持不懈的精神就無從發揮，為了堅持，必須很清楚目標是什麼。這種精神不僅可用在學習上，也會在經濟活動上看到成效。

「**勇於冒險**」是創造財富的動力。俗話說「高風險帶來高收益」，承擔的風險越多得到的收穫也可能越高。為了培養這種品德，平時要給孩子勇氣，當孩子在做事之前猶豫不決時，可以鼓勵他「試試看，試了才知道是什麼樣子」，或「連試都不去試就不會有任何收穫」，讓孩子逐步體驗「風險和收益」的關係。有過一、兩次經驗，並確實從中得到收穫的孩子，日後也會帶著自信勇於挑戰，因為他已經知道收穫得到的果實是多麼甜美。

「**融合與合作**」在韓國教育制度中較難以體會，因為為了考上好大學，連同班同學也是競爭對手，在這樣的競爭環境下，孩子很難以開放的心態與他人相處。因為彼此都是競爭對手，所以從青少年時期就獨善其身，以取得個人成就為目標。在這種教育制度下，很難培養與他人融合、合作的能力。要改變這種現象，父母可以採取給予特別任務的方式，給孩子一個必須與兄弟姐妹或同學「共同完成的任務」，或要孩子們集思廣義討論某個問題的解決方案，當他們有了合作後的成果時，不要忘了給他們獎勵。

虎之霸的七大精神是猶太人教育孩子的基本原則，從商業面來看也是擁有財富的捷徑。對能夠不斷學習、挑戰、合作、堅持不懈地朝目標前進的孩子來說，成功無疑已經掌握在手中。

給父母的金錢教育錦囊

- 最妨礙虎之霸精神的是「權威」，在父母或老師權威強大的環境下，很難體現大膽的虎之霸精神。但這並不代表要父母或老師放任孩子，而是不要以大人的權威來壓制孩子的提問和挑戰。
- 擺脫二分法的思維。孩子最常問父母的就是「可以嗎？」「不可以嗎？」若總是以二分法來看世界，就很難找到第三條路——創意。當下次孩子問「可不可以」時，父母不妨回答「雖然可以，但如果……就不行」或「如果你答應……的話就可以」，提出選擇讓孩子自己做判斷。

培養賺錢能力的四種教育

什麼是「賺錢的能力」？是必須對事業具有敏銳度還是要對金錢很執著？一定要追逐潮流嗎？如果是那樣，賺錢的能力就只是靠著「感覺或偶然」糊里糊塗獲得的好運。但實際上賺錢的能力並非運氣，而是可透過教育獲得的。猶太人的金錢教育告訴我們，賺錢的能力是後天培養的。如果不是這樣，猶太人的金錢教育也不會到今天仍如此出名。

培養賺錢能力的教育

猶太父母從孩子小時候起，就一定會教他們四種東西，這四者乍看彼此毫無關聯，但仔細分析就可發現它們有著非常緊密的關係。

第一個是「**外語**」。猶太人除了本國語希伯來語外，至少還會教孩子兩種以上的語言。中世紀的希伯來語意第緒語（Yiddish）和英語是必備的，除此之外，還會教德語、法語等。許多猶太孩子到了十歲左右，雖然不是很精通，但通常都能說三、四種語言。聽說近年因為韓流熱潮，猶太人也開始熱衷學習韓語。但語言教育並不只是教就好，必須讓孩子了解語言的重要性，體驗能用外語和外國朋友對話是多麼大的樂趣，才能快速提升語言能力。

第二是「**心算**」。心算並不單純只是在心中默算數字的能力，心算可以提高專注力，因為從第一個數字到最後一個數字都要聽清楚並記住才能演算，同時因為必須快速思考，所以對大腦開發也很有幫助。

第三是「**筆記的習慣**」。有句話說「猶太人無法容許模棱兩可」，他們相信只有正確地記錄下來，遇到問題時才能作為依據來正確判斷。

第四是「**鼓勵雜學**」。韓國社會對雜學的觀感並不是很正面，仍偏好所謂的「專業」，認為雜學的人得到的雖多，卻都是粗淺的知識。但是猶太人從小就習慣與父母談論政治、經濟、歷史、體育、文化等議題，這些與課業或日常無關也不一定有實質的幫助，但從討論中能擴大思考的範圍與眼界。

以上四種能力彼此之間有什麼關聯，對賺錢能力有什麼幫助呢？這四種能力對於「順暢明快的溝通，進而獲得準確的情報力」有很大幫助。

情報力是賺錢的關鍵

想要賺錢，就要對市場資訊有高度的敏感。在情報能力上領先的人，賺錢的機會自然就大。猶太人掌握世界金融市場的原因，就在於他們所掌握的情報力。股市對熱門話題非常敏感，有時某個具影響力的人或媒體的一句話，就可能讓股價暴跌或暴漲。因此必須密切注意匯率浮動、金價和石油價格的變化，進行分析及判斷。

做生意也一樣，必須了解目前的市場趨勢、人們關注的議題，才能搶得先機賺取收益。例如有一陣子炸雞店很夯，大街小巷都是賣炸雞的，人們看到這種景象會認為開炸雞店一定很賺，但有些人卻看到「炸雞店現在已經到頂了，很快就會飽和，接下來就會退燒了」。這兩種人若進行投資，結果就會不一樣。

猶太人的情報力還與宗教上的安息日有關。他們的安息日不像基督教從星期六早晨開始，而是從星期五的日落就開始，一直到星期天的日落。安息日結束後，彼此互相交換各自在社區收集到的情報，到隔天星期一早上，早已用這些情報開始行動。當別人星期一早晨上班後才交換情報之際，猶太人早已掌握了最新資訊，贏在起跑點。

而情報的關鍵是「正確」。猶太人從小就養成筆記的習慣，這是為了保持正確性，加上會講三、四種外語，就能接收到更多更廣泛的訊息。韓國人多與本國人交換情報，但猶太人可以與英國、美國、德國人交流，得到的資訊量當然很大，資訊的品質也會提升，將這些資訊組合起來，準確性就會更高。

廣泛的學習和討論也與情報力有關。有時候，僅靠情報本身很難判斷正確性，要有豐富的背景知識以及自己獨特的邏輯，從政治、經濟、歷史和文化角度來檢視，才能真正體現情報的價值。猶太人從小接觸各種知識領域，進行討論、辯論的訓練，就是為了從多方角度來審視情報，以做出正確的判斷。

最後一個訓練是心算，心算連帶會加快思考的速度。金錢脫離不了數字，當聽到相關情報時，可以瞬間計算出可能獲得多少利益，就能很快做出評估。

猶太人的這四種教育融合在一起就是「**順暢明快的溝通，進而獲得準確的情報力**」。當然，情報力並非賺錢能力的全部，但沒有情報力，就不可能賺錢。進一步來說，這種能力對提高生活品質也有很大的幫助，在與人溝通過程中可以正確理解對方的意圖並適當應對，或是可以與外國人交流拓展市場，從中得到的效益自然可以讓生活比別人更豐富、更有品質。同時，擁有淵博的知識會讓人言之有物，無形中可為自己增加個人魅力，對人際關係也有很大的幫助。

培養賺錢能力的四個教育可結合成為「快速豐富又質量兼具的情報力」。情報不會無中生有，要透過從小養成的習慣加上不懈的努力，培養出領悟力，去發現隱藏在各處的情報以及其中的價值，透過這個價值產生預測未來的能力，這就是賺錢技術的核心。

給父母的金錢教育錦囊

- 讓孩子把自己要做的事記錄下來，再逐一完成。例如和孩子一起去超市前先寫下購物清單，在購物時讓孩子負責檢查確認。
- 可以利用看電視的時間，帶孩子接觸各種領域，不管是新聞或綜藝節目，開放自由地討論文化、政治、歷史和經濟議題。
- 很多父母都認為學習外語是必要的，但重點是要從實用角度出發。學外語不是為了學習而學習，也不是為了考試而學習，而應該是為了溝通、拓展視野。可以藉由各種媒體內容和體驗，讓孩子了解多懂一個語言會讓生活變得多彩多姿。如果沒有動機，學習外語就會變成枯燥乏味的苦差事。

第4課

必須養成的致富習慣

成功和失敗是無數習慣聚集在一起形成的產物。就像有維持身體健康的習慣、功課好的習慣、人緣好的習慣，當然也有會賺錢、聰明消費等致富習慣。如果不早點建立良好的致富習慣，成年之後就會經常浪費，到時候再努力也得不到理想的結果。尤其是消費習慣具有文化特質，近年來出現的「小確幸」、「YOLO族」等世態，其實造就了另一種浪費的習慣，會對健康的消費生活產生不好的影響。

因此，應該從小養成長大了也不會被動搖的致富習慣。就像樹大根深的意思一樣，小時候學到的好習慣對將來維持健康的經濟生活有很大的幫助。

為合作而討論與辯論的技巧

韓國的孩子聰明又用功讀書，是全世界都認同的事。從經濟合作暨發展組織（OECD）主辦的國際學生能力評量計畫（PISA）來看，韓國孩子在閱讀排名第二到第七位、數學排名第一到第四位、科學排名第三到第五位，比平均分數高出二十七到三十七分，可說是屬於世界排名前段班，是值得驕傲的事。但是，如此聰明的韓國孩子長大後要進入跨國公司工作並非易事，即使進入了跨國公司也很難適應，因為在「合作」這方面比較弱。韓國人習慣獨立做事，對於需要透過眾人討論並合作的事顯得生疏。在賺錢能力方面，「合作」是非常重要的品德。服務和產品要「一起」生產，讓消費者「同意」購買，企業才會賺錢，所以在經濟活動上生產者與消費者也是另一種「合作關係」。

一致同意的危險性

韓國人很喜歡「一致」。全體成員都同意的意見，就是「正確的意見」，大家會欣然接受並遵守。但是猶太人卻相反，如果某件事得到大家一致同意反而會引起懷疑。在《塔木德》中有這樣一個故事：

有一個人犯了大錯，法官全體一致判他最嚴酷的刑責。如果在韓國，大家會毫無疑問地接受，但是猶太人卻不同，要求法官重新調查證據，推翻一致的判決，因為「所有法官都持同樣的看法，這種情況太不合理了」。猶太人從小就被訓練凡事都要討論，並鼓勵辯論，對他們來說，一致同意的情況非常奇怪。有句猶太諺語說「三個猶太人聚在一起，會有四種意見」，可見猶太人很習慣提出各式各樣的意見，對別人的意見也持開放態度。

要說猶太人的教育是「從頭到尾的討論」也不為過，但猶太人為什麼這麼重視討論呢？其實討論的最終目的並不是為了確認「你和我不同」，而是為了「在彼此不同的意見之下尋求合作」。人與人之間既有同質性也有異質性，如果只看同質性而合作，那麼之後暴露出異質性時就會發生問題。討論式教育是為了理解彼此的差異，並在這樣的基礎上進行合作。

但是韓國的學校教育並不重視討論，所以雖然學習實力位居世界前段班，但在合作方面的能力卻顯得很薄弱，對合夥創業的意願也不高。

錢來自討論與辯論中

如果問孩子：「針尖能站幾個天使？」

孩子也許會說：「媽媽，學校功課很多，一定要我回答這麼奇怪的問題嗎？」

如果反過來是孩子來問的話，很多父母會說：「少說廢話了，快去讀書吧。難道那裡是有吃的還是有錢？」

《塔木德》裡的拉比為這個問題討論了很久也爭論了很久。不過重點不是針尖上到底可以站幾個天使，而是**為解決問題認真不懈的態度、為尋找答案不斷思考和挑戰各種可能的心態**。

大部分的父母可能會認為這樣的問題莫名其妙，一點用處也沒有，但有時在這類問題中會出現機會，現在許多全球性的企業在徵才面試時，也會提出類似這種無厘頭的問題。如果有過討論這類問題的經驗，熟悉討論方式的人，自然比其他應徵者具有競爭力。《塔木德》中記載的許多故事，都與討論、透過討論了解自己的過程有關，內容雖是猶太民族的生活智慧，但許多內容對一些社會約定俗成的慣例提供了批判性的思維，重新建立道德判斷標準，對成為一個成熟的社會人很有幫助。

我的小兒子七歲開始看兒童報紙，我會挑一、兩篇報導為主題，在早餐桌上與兒子一起討論，這個習慣一直持續到他上高中。討論主題沒有限定領域，不管是政治、經濟、社會文化都有。長久下來，孩子的邏輯思考、表達能力及寫作水準都有相當大的進步。不過也有遺憾的地方，如果當時我有把這個方式套用在金錢教育上，從實際生活中讓孩子熟悉經濟用語及理解經濟概念，現在不知會有什麼成果？

討論和辯論是生活的武器，孩子可以藉此與他人交流想法，理解彼此的差異，創造更圓滿的合作機會，而透過合作，可培養創造經濟價值的獨到慧眼。這種教育如果學校不教，父母就要教。

給父母的金錢教育錦囊

如果訂了兒童報紙或刊物，只是強迫孩子「每天閱讀」，這樣一點效果都沒有。你會發現不知從何時起，沒有讀過的報紙或刊物堆積如山。現在對電玩和影片更熟悉的孩子，幾乎很難自動自發拿起報章雜誌來看。所以，父母應該結合孩子關心的主題來進行引導。

如果孩子喜歡玩遊戲，就從與遊戲相關的新聞開始討論，例如這款電玩遊戲很紅，遊戲公司會得到多少收益、對社會又會帶來什麼影響。不一定非要從新聞切入，舉凡遊戲中的角色、武器、服裝造型、技巧等話題也可以拿來討論，先引起孩子的興趣再慢慢深入討論。

參與孩子的世界、在他的世界中引導討論和辯論，這是父母可以做到並得到效果的方法。

小確幸和YOLO族的陷阱

猶太人有時會非常愛惜金錢，有時會大手筆地花錢，有人可能會覺得「猶太人是不是都看心情花錢啊？」但實際上猶太人是全世界最不會隨便花錢的民族。

那麼該如何理解這兩種極端的現象呢？觀察他人的消費行為，是糾正孩子未來消費習慣的重要契機。從小到大，如果沒有建立自己的消費標準，會很容易陷入一種惡性循環，根據心情花錢，直到哪天自己覺醒為止。無論賺得再多，如果花費遠遠超過賺得的數字，就永遠是「赤字人生」。培養賺錢能力固然重要，但教育孩子建立良好的消費習慣也很重要。

傾向情感消費的世代

猶太人的消費生活與其說是「節約」，不如說是「耐貧」；與其說是「捨不得」，不如說是「即使會有點痛苦，也要徹底愛惜」的概念。這些觀念大多是基於從日常體驗中了解到貧窮是多麼痛苦的事，但追本溯源的盡頭是源自《聖經》。《聖經》裡說，所有事物都是屬於上帝的，人類只是守護那些事物的看守者，所以不能隨意使用上帝擁有的東西。但是另一方面，猶太人會很大方地送朋友昂貴的禮物，或是花大錢去旅行。

雖然很難理解這兩種完全不同的消費方式何以共存，但**猶太人的消費標準在於「合理性」**。他們認為不應該花錢時就過簡樸的生活，這是「合理」的事；當他們要花錢時，自然也是因為「合理」才會花錢。如果在該節省時浪費，在該用錢時卻捨不得花，那就不是正確的消費習慣。例如在給父母的禮物、孩子學習才藝的費用上省錢，那就是不合理的，是「守財奴」的行徑。當然，所謂的「合理」可以根據不同狀況有不同的解釋，但重要的是要有「自己的標準」。

近年來很流行「小確幸」、「ＹＯＬＯ族」。小確幸是「微小而確定的幸福」，而ＹＯＬＯ族則是來自「You Only Live Once」（人生只有一次）的新詞彙。這些都指向現代人滿足於小而充實的當下人生，認為在以個人幸福為前提下的花費是合理消費。有人只追求大而華麗的東西，虛度人生，不過其實對微小的事物感恩、感到幸福是很有意義的，但問題在於，如果這種小確幸式的消費屬於「花錢獲得的快樂」，也就是花錢的標準在於「是否能為我帶來確實快樂和幸福的感覺」時，消費就變得不需要合理或必要的理由，而是依賴「情感」進行消費。

ＹＯＬＯ族的消費習慣也一樣。人生只有一次，「享受當下」這句話本身是值得尊重的價值觀。人生就是由許多現在累積起來的，只有現在快樂，人生才會幸福。但是有些人過度解釋和歪曲了這句話，特別是年輕人將這句話當作逃避現實或安於現狀的藉口，對於根本就超出自己能力範圍的進口車或名牌包，毫不猶豫就買了。二十多歲的年輕人這種消費傾向非常危險，讓我想起曾看過報導形容年輕人是現今「精品市場裡的大戶」。難道他們都是有錢人家的孩子嗎？事實上，很多年輕人是拼命打工三、四個月，省吃儉用，把所有錢都拿去買名牌包。ＹＯＬＯ族消費的本質不是「合理性」，而是「為了只有一次的人生而享樂」。這樣的消費標準也是以情感出發，是危險的消費習慣。

花錢的樂趣不如賺錢的樂趣

猶太人有句俗語是這樣說的：「為了一生只有一次機會盡情吃美味的料理，卻必須在其他日子餓肚子，那還不如一輩子只吃洋蔥。」這句話充分體現了猶太人對消費和情感的觀點。「盡情享用美食」固然心情會變好，但是如果盲目花錢，消費的後果要自己完全承擔；如果只吃洋蔥，雖然吃東西的樂趣會減少，但貧困帶來的痛苦也會變小。

沒有比吃東西更微小、更確切的幸福了。滿嘴都是好吃的食物，這種簡單的享受並不多，但短暫的快樂可能成為痛苦的開始。辛苦打工三個月買名牌包，雖然那一瞬間會很幸福，但是緊接著要承受再次辛苦打工的疲憊。今天我所感受到的最大快樂也許會造成貧困、帶來痛苦。

韓國社會存在著這種消費文化，特別是二十多歲的年輕人，之所以會崇尚這種消費方式，是因為從小沒有接受正確的金錢教育，或者這正是現下找不到出路的年輕人所創造出來的現象。任何人遇到壓力，都會尋求緩解。如果壓力不消除，只是一直累積，人就會感到疲憊。我們的孩子在學業壓力下，連緩解壓力的方法都沒學好，到了長大成人有賺錢能力時，就用消費來緩解累積至今的壓力，還包裝成「微小而確定的幸福」，創造彷彿沒有明天的消費習慣。壓抑的感情透過消費爆發的現象，也在近來出現的「報復性消費」一詞中如實體現，這是指因新冠疫情長久被關在屋子裡的人，情緒在累積到一定程度後，一有機會就像報復一樣花錢。

為了不讓孩子養成這種情緒性的消費習慣，應該告訴他們「賺錢的樂趣」大於「花錢的樂趣」。有句話說「窮人花錢抒壓，富人攢錢解悶」。如果讓孩子從小就了解賺錢的快樂，認為「**賺錢是為了人生的快樂而準備的過程**」，那麼小確幸和YOLO族對孩子來說就只是另一種「過度消費」的意義了。

所以，父母應該幫助孩子學會如何自己緩解壓力。孩子很容易感受到來自父母、老師、同儕等在學業與人際關係上的壓力，但他們不知道該怎麼辦，這時父母可以和孩子一起尋找對他合適的緩解方法，不要讓孩子日後養成以消費來緩解壓力的習慣。

給父母的金錢教育錦囊

為了讓孩子感受「收集錢的快樂」，就必須為錢賦予意義。儲蓄其實並沒有實質上的存在感，因為錢是放在銀行，雖然存摺上看得到數字，但對孩子來說沒有真實感，這樣就很難吸引他們的興趣。相反地，如果花錢，就能立即得到快樂，因此花錢欲望必然會增強。

那麼父母就為儲蓄的錢賦予適當的意義吧！「那筆錢有一天會用在很有價值的地方」、「那筆錢在你真正需要時，會對你有幫助」，用這些話讓孩子感受錢的真正價值。可以在存摺封面寫上「為了五年後○○的存摺」或「三年來珍貴的○○存摺」，營造這是「為了未來準備的錢」，再加上孩子的名字，讓孩子感受到這筆錢是他的，同時對他具有特別的意義。

避開經濟地雷的方法

教育可以給孩子正確的生活觀，還可以讓孩子避免不好的習性，因此，父母也必須提早教育孩子長大後參與經濟活動時應該避免的地雷，例如投機、信用不良、誇大不實的廣告，這三樣是即使進行正常的經濟活動，也會不慎陷入的「經常性隱藏的危險」。人們為了賺錢而投資，為了賺更多錢，投資很容易就會變成投機，最後連本錢都賠光。使用信用卡可以提高信用等級，但如果不能按時還款，就會被列為信用不良者。消費生活充斥各種廣告，有時為了選擇商品不得不參考廣告，但如果完全相信廣告，一不小心就會變成過度消費。接下來就來看看如何教育孩子避開這三個經濟地雷吧！

投資標的是雞還是鴨？

全球知名的摩根大通集團的創始人摩根（John Pierpont Morgan）是猶太人，他可說是歷史上最偉大的金融界人士。他的父親從小就特別強調「一定要避免投機交易」，因為投機行為是非常危險的。

很多人會把「投資」和「投機」混淆，雖然從以錢滾錢、期待未來收益這點來看，兩者沒有太大差異，但其中還是有一個非常重要的區別。**投機是靠「運氣」，而投資是靠「自己的想法」**。在此所說的「自己的想法」是指在投資前充分收集資訊、徹底分析，並估算可以獲得多少收益及如何停損。簡單來說，投機是「別人做我就跟著做」，「根本沒想過能不能獲利就一頭栽下去」。

關於何謂正確的投資，在《塔木德》裡有這樣一個故事。

一個男人找到一位賺很多錢的猶太人，問道：「真正的投資要領是什麼？」

猶太人這樣回答：「這個嘛……例如，雞蛋價格上漲，有人開始經營養雞場。可是雨季來臨大雨連綿，洪水把雞全淹死了。擅長投資的人會從一開始就預想到可能有這種狀況，所以會養鴨而不是養雞。」

雞不會游泳，但是鴨子會。如果事前分析雞和鴨的特性，並根據分析結果選擇投資標的，就能減少損失，並進一步獲得更多利益，這就是投資要領。在孩子小時候就要教導他區分投資和投機，讓他了解兩者的差別在是否經過「自己分析思考和確認過了」，**讓孩子養成事前一定要自己思考的習慣**。

有關信用的教育也非常重要。在現代社會，信用是左右「生活品質」的重要概念。無論信用卡有多大的弊端，在資本主義社會裡，不使用信用卡很難，甚至為了結婚或購屋，還必須向銀行貸款。如果信用不良，就沒有安定的生活基礎。在猶太人的金錢教育中，最重要的是信用。猶太人從小就教育孩子「信用就是與上帝的約定」，強調要絕對遵守信用。

培養批判性思考與健康的消費習慣

《塔木德》中有這樣的故事。

一名猶太人因犯了很嚴重的罪被判死刑，但是聽到母親病危的消息後，他必須回家鄉一趟，苦惱的死刑犯不得不拜託朋友作擔保。但是擔保是一件非常可怕的事，如果死刑犯不能按時返回，朋友就要代替他登上死刑臺。由於他們兩人之間的信任和義氣深厚，朋友一口答應替死刑犯作擔保。幾天過去了，到了期限死刑犯卻遲遲沒有出現。朋友死了心走上死刑臺，就在千鈞一髮之際，死刑犯從遠處急急忙忙跑來。國王被這兩人在死亡面前也堅定的友誼感動，特別赦免了死刑犯。

猶太人被稱為「承諾和信用的民族」，他們徹底遵守信用，這不只是道德層面的信用，他們還彼此互信且團結，交流他人不知的情報，透過龐大金額的投資壯大勢力。對他們來說，信用可以說是社會生活的「第一原則」。

如果孩子從小就能養成遵守約定和信用的態度，那會比金錢更有影響力。不僅與銀行等金融機構往來要守信用，如果人與人之間也信守承諾，那麼當孩子遭遇困難時就能得到其他人的幫助。守信用就能得到別人的信任。

信用的教育要從家庭做起。父母與孩子之間也會有約定，同時彼此都要遵守，並告訴孩子，當不守信用時會造成別人對你的不信任，破壞人際關係。要讓孩子知道，被視為「無法相信的人」會造成多麼大的損失。

教育孩子對廣告保持警惕也很重要。孩子處於對「批判性思維」或「合理性懷疑」尚感到困難的年紀，很容易相信各種包裝好的廣告，接受廣告傳達的內容。如果是成年人，看到一間五十坪公寓的售屋廣告，會先評估自己的經濟狀況，再考量周邊的設施和生活機能是否良好，但孩子看到廣告呈現的房屋很寬敞、屋況很好，就會想住在裡頭。特別是近來YouTube影片很容易觀賞，在影音平臺上露出的廣告也越來越多。還有電影院裡的廣告。二〇一九年某媒體調查電影《冰雪奇緣2》上映時電影院內的廣告次數，在電影開始前十分鐘，總共播放了四十九個廣告。也就是說，進電影院的孩子被強迫看了十分鐘的廣告。

批判性思維是要透過教育培養的。為了避免孩子盲目接受廣告灌輸的內容，父母可以直接拿廣告和孩子討論，提供廣告中沒有的訊息，讓孩子看到廣告時不會被引導過去，而是有自己的觀點。例如孩子看到廣告說吃某種藥就會長高，父母可以告訴孩子，與其依賴藥物，不偏食、多運動、睡眠充足，身體自然會長高。對於被速食或可樂廣告吸引的孩子，父母可以帶著孩子一起尋找這些食物吃多了對人的影響，以及可以有什麼其他選擇，一起去探索。

很多大人看到電視購物廣告也會衝動購買而事後懊悔。要記住，只有從小就教育孩子不要被包裝華麗的廣告和銷售手法迷惑，才能在長大成人後養成健康的消費習慣。

給父母的金錢教育錦囊

- 當孩子被廣告吸引，要求父母買東西時，這是一起討論廣告的最好機會。問問孩子看了廣告後為什麼想消費？跟孩子一起想想買那樣東西是必需的嗎？價錢合理嗎？討論過後再做決定。
- 對於孩子來說，信用卡就像「魔法卡片」，或許是因為孩子對信用卡的概念還很模糊，曾聽過有父母因為沒有錢而苦惱，結果孩子對父母說：「只要刷卡不就行了嗎？」父母應該教育孩子信用卡是「預先借的」、是「必須償還的錢」，並且一定要慎重使用。

賺錢的特定原理和法則

孩子總有一天會離開父母的懷抱，走向世界過自己的生活，獨立從事各種經濟活動。大家都知道賺錢很辛苦，但並不是沒有特定的原理和法則，只要能了解這些就可以輕鬆賺錢。父母常強調「努力」、「誠實」是賺錢的重要品德，這的確是必須具備的，但這只是對待工作的態度，不能看作是賺錢的根本原理，即使一輩子努力工作、誠實生活的人也還是有不少貧困的例子。**賺錢的特定原理和法則就是「理解對方的能力」**。

全球金融專家強調的事

在全球著名金融家中，少不了猶太家族羅斯柴爾德（Rothschild family）的邁爾・羅斯柴爾德（Mayer A. Rothschild）。他小時候想當拉比，所以就進了神學院，但由於父母早逝，只好中斷學業。不過之前學習的《塔木德》教育，為他成為金融專家奠定基礎。邁爾也以《塔木德》為本，傳授給自己的孩子猶太人精神和做生意的方法。他常說：「猶太人會賺錢有兩個原因，一是五千年的歷史，另一個就是頭腦。」猶太人透過前人累積下來的智慧，加上自己的思考與創意，在商業上取得莫大的收益。

他特別對孩子強調，「**讓對方快樂的能力**」非常重要。這不是指拍馬屁或看對方的眼色行事，所謂「讓對方快樂的能力」就是「滿足顧客的能力」。細究起來，所有商業的本質都是以顧客滿意為目標，花錢的人是消費者，只有讓消費者願意掏錢，企業才能獲利和成長。

我們常聽到的「顧客滿意」這個詞，其實就是從猶太人開始流傳的。在中世紀出現的「工會」（Guild）制度，是已經在城市裡占一席之地的商人或工匠們組合起來的組織。此制度具有排他性，不是阻止其他地區的商人加入，就是仗著工會之名行使特權。漂泊不定的猶太人很難融入也無法組成自己的工會組織，於是猶太人便想辦法與地方上的工會抗衡，他們想到「以更低廉的價格供應更好的商品」，以達到顧客滿意，也就是邁爾所說的「讓對方快樂的能力」。

「票據」的普及也是來自於猶太人。當時其他商人主要都用現金進行交易，但猶太人想到利用替代現金的票據，於是讓交易變得更活躍。換個角度想，票據也是「讓對方快樂」的方式，為當下現金不足卻想消費的顧客提供交易機會。

凡事先替他人著想、理解對方並不容易，我們每天與很多人見面、討論、產生矛盾、和解，社會生活就是如此，而這也是孩子長大之後必須面對的，所以父母應該從小就教育孩子要努力理解對方，建立開放的態度。

從「情緒性」共鳴能力到「經濟性」共鳴能力

理解對方的能力通常稱為「共鳴能力」。據美國史丹佛大學的研究，包括共鳴能力在內的情緒智商的發展，是決定成功的重要因素。能夠理解對方，就能與對方親近、互動，形成密切的關係，衍生的效益會反映在生活中。

問題是學校並沒有專門培養共鳴能力的課程。它不像數學有公式可以解題，也不像英文單字用背的就能記住，共鳴能力的培養必須從經驗中累積。首先就是父母，父母是孩子最親近、最常接觸的人，**父母如果能真心認同孩子的情感和行為，深入理解他們，孩子才能學習去理解他人，培養共鳴能力**。所以父母不能一味用大人的標準評價孩子的言行，也不能無視或主觀評斷孩子的言行。

當與孩子意見分歧時，可以反問孩子：「如果你是爸爸，你聽到剛才你說的話會怎麼想？」「如果你是媽媽，你會買那個東西給自己的小孩嗎？」**用換位思考的方式，引導孩子跳脫自我中心的觀點，試著站在對方的立場上思考**。

這種情感上的共鳴能力可以擴展成為「經濟共鳴能力」。經濟共鳴能力是指在經濟活動中理解對方（消費者）的能力。例如買玩具時，可以讓孩子站在設計玩具的人或其他角色的立場上來看，「如果你是設計玩具的人，你覺得那個玩具怎麼樣？有沒有方法讓它變得更好玩？」「如果你是玩具公司的人，你想做出什麼樣的玩具？」出去吃飯時，也可以討論「要像廚師一樣做出這麼好吃的菜應該怎麼做？」「如果你是這家餐廳的老闆，客人吃完之後做出什麼反應會讓你覺得開心？」父母可以像這樣帶孩子站在開發者和生產者的立場來思考，而不僅僅只有自己的觀點。

無論第四次工業革命如何發展，人工智慧無法超越的，就是人類的共鳴能力。而深入理解人心，解決人們感到的不便和不足的經濟共鳴能力，是保障孩子經濟成功的重要關鍵。

給父母的金錢教育錦囊

- 共鳴能力是透過健康的互動產生的。現在很多孩子沉迷於手機和電腦遊戲，缺少與人的互動，因此應該多與孩子「面對面交流」，那些在電子產品上無法感受到的情感、表情、對話才能提高共鳴能力。
- 最好嚴格限制孩子玩遊戲或看手機的時間，不要有例外狀況，讓孩子確實遵守規則。在遠離遊戲和網路世界的時間，父母應該盡力幫助孩子找到感興趣的事並陪伴孩子，建立家庭關係的紐帶。

以協商和人脈決勝負

我們生活中不乏遇到各種協商狀況，因為彼此想法不同，在各自的需求上存在差異，所以會透過協商獲得想要的東西或是做出讓步。甚至家人之間也會進行協商，特別是隨著孩子逐漸長大，會有自己的想法，因此與父母協商的機會就會增加。或許有的父母對這種狀況會感到驚慌，但其實成年後，社會生活和經濟生活也有很多是需要協商的。求職面試時，要說服面試官「為什麼要讓我進入這間公司」，這需要協商能力；進入公司後要協商薪資，工作中也會不斷與同事協商，以提高工作效率；若是創業，就等於跳入「協商之海」。因此，如果從小就學習猶太人的協商技巧，長大後的生活也就能更順遂。

學習「邏輯」的協商教育

猶太人從小就給孩子進行協商教育。例如父母給孩子零用錢時，會跟孩子協商什麼時候給、給多少錢、多久給一次。如果孩子想多拿一點，就必須說服父母，否則父母絕不會多給。這與一般韓國父母自行決定給孩子多少零用錢，或問「其他同學拿多少零用錢」來決定金額的方式不同。

猶太人認為在協商或談判中最重要的就是「資訊」與「邏輯」。掌握多少資訊，如何運用相應邏輯說服別人是協商的命脈，其中邏輯更是基本，因此他們說「第一是邏輯，第二也是邏輯」。過去猶太人經常在各種事業中扮演仲介的角色，身為仲介就是要做到對雙方都合理、不偏頗的立場，因此掌握充足正確的資訊也很重要。

另外，猶太人在協商或談判時，會徹底排除感情因素。他們認為感情對經濟活動沒有幫助，只會使彼此處於不和諧的狀況，結果使誰都沒有得到利益。我們常看到一些家人或朋友之間的協商無法取得進展，最終落到雙方撕破臉，除了當事人可能不擅長協商之外，大部分還是因為感情因素作祟。所以猶太人的談判被稱為「冷酷的談判」，就說明了他們在協商談判時善於控制感情。

不過猶太人在談判時不失幽默感，他們利用幽默感來營造較輕鬆的氛圍。雖然是冷酷地談判，但會盡量讓氣氛和緩。眾所周知，猶太人經歷過一段非常痛苦的歷史，受過無數迫害，以頑強的生命力在今日世界上占據不可忽視的地位。雖然環境條件惡劣，為了維持生活精神可不能疲憊，因此幽默是必不可少的。為了戰勝不時襲來的絕望感和困難，必須先承認自己的處境，然後積極向上，互相安慰，在逆境下也微笑以對。就是因為具有這樣的民族特性，所以在嚴肅的協商過程中，猶太人仍不忘幽默。

雖然猶太人善於透過談判來取得自己想要的，但並非所有事都把談判放在第一位。有一句猶太格言是這麼說的：「成功不在於你知道多少，而在於你認識誰。」

由此可見，比起知識，人際網絡更重要。猶太人善於尋找能夠引導自己成功的人，並努力接近對方、與對方親近。在遭遇困難的情況下，如果有人能引領方向或給予支持，對克服逆境有很大的幫助，這也是在社會中生存很重要的要素。與某人很親近代表很了解對方，當你很了解一個人時就不用花太多時間進行不必要的確認，因為那個人對你來說是「值得信賴」的，也就成為邁向成功的必要條件之一。

在孩子的人生中，協商成功是一種「勝利的經驗」，協商總是輸的孩子自信心必定會受到打擊。而如果一開始就認為「不管我怎麼說都一定行不通」，那麼談判能力就不會進步，自信心也會下降。因此**在訓練孩子協商能力時，要不斷拋出「為什麼」來誘導孩子練習表達，激發說服力，提高邏輯思考能力**。熟悉被問「為什麼」的孩子，會努力從自己的言行中找答案，如此一來日後面對問題更能客觀思考。

給父母的金錢教育錦囊

- 從零用錢協商開始吧！父母和孩子之間的協商不是以利益出發，因此父母要把焦點放在孩子是否能清楚合理表達自己的情況及提出金額。
- 看到父母與周圍的人和睦相處、關係良好，孩子自然會耳濡目染效法父母。所以要盡量避免在孩子面前責怪別人，當與別人發生問題或矛盾時，應該透過對話溝通解決。在背後說壞話、指責別人，不僅不利於問題的解決，對孩子也會產生非常負面的影響。從小就常看到父母說別人的閒話，長大後孩子的認知裡就會覺得指責某人、怪罪他人這樣的態度一點問題也沒有。

第5課

從《塔木德》學習富人思維

有人問天才科學家愛因斯坦（Albert Einstein）：「如果有下輩子，你想做什麼？」

愛因斯坦回答：「我想研究《塔木德》。」

《塔木德》是從人類經驗累積中汲取的智慧精髓，是猶太人在長期的艱難和痛苦中，仍能守護自身認同感的支架。與孩子一起看《塔木德》的故事、一起討論，無異能吸收猶太人的智慧精髓。

金錢教育的內容雖然是父母給的，但孩子必須自己體驗及領悟，教育的內容才會變成自己的東西。所以父母必須引導孩子產生興趣。

《塔木德》裡有許多足以刺激孩子好奇心的有趣故事，和孩子一起邊讀邊討論，自然就能幫助孩子理解經濟趨勢的基礎，學習核心的經濟概念。

準備成為富翁

為了未來而準備的今日

孩子對於「準備」的概念還不習慣，因為大部分在「準備」的都是父母，孩子感受不到必要性，再加上處於無法進行經濟活動的年紀，對「為了以防萬一而儲蓄」這類想法還沒有概念。但是**為了未來而做準備是很重要的事，有準備才能應對可能的危機**。擁有財富、過著沒有經濟危機的生活，是給持續為未來做好準備的人的祝福。

給孩子的故事

從前有一個富翁心地很好，為自己工作的僕人要離開了，於是送了很多財物到船上給他，希望他不管到哪裡都能過得幸福。

僕人的船在廣闊的大海上不幸遇到暴風雨而沉沒，船上的所有東西都沉到海底，變得一無所有的他好不容易漂流到一個小島上，雖然人還活著卻失去了一切。他陷入深深的悲傷中，但還是要活下去，他在島上走著走著發現了村莊。連衣服都沒有的他進入村子裡，村民看見他都大聲歡呼迎接他，對他喊著「國王，萬歲！」

他茫然不知所措，一時之間只能任村民擺布，糊里糊塗坐上了王位，住在豪華的宮殿裡。然而他心裡一直覺得這一切太奇怪了，該不會是在做夢吧，於是有一天苦惱的他找了個村民來問話。

「能告訴我到底是怎麼回事嗎？我連一分錢都沒有，光著身子來到這裡，然後突然成了國王，這到底是怎麼回事？」

那個村民回答：「我們不是活生生的人，而是靈魂，只是看起來像人而已。因此若有人類來到這裡，就會成為我們的王。但是一年之後就會被趕走，一無所有地被趕到沒有食物的地方。」

成為國王的僕人向他道謝，然後陷入沉思。

「既然如此，我應該從現在開始為一年後做準備。不能毫無準備就被趕走，誰知道會發生什麼事情。」

於是他找到一處如同沙漠般的荒蕪之地，在那裡種下了鮮花和果樹。一年之後，村民真的把他趕走，而他就像一年前剛來到這裡時一樣子然一身地離開，但他一點都不擔心。當他到達那荒蕪如沙漠的地方時，那裡已經開滿鮮花、水果結實纍纍，成為一個適合居住的地方。他沒有再次陷入悲慘的生活中，而是幸福地生活著。

在電影《刺激一九九五》中，有個在監獄生活了一輩子的老囚犯，對他來說，監獄就是他的家，他在監獄裡能力獲得認可，與其他囚犯也相處得很好。他曾是監獄圖書館的管理員，每天拉著裝了書本的推車，送書給登記借書的囚犯。偶爾也負責播放電影，他看起來過得很幸福。後來他因為表現良好被假釋，隨著出獄的日子越來越近，他竟然拿銳器挾持一名囚犯，因為他害怕出獄，不知如何面對監獄外的世界，所以想犯罪，希望可以繼續待在監獄裡。但最後他還是出獄了，由於離開現實社會太久，他實在無法適應，最後走上自殺一途。

《塔木德》中的僕人與《刺激一九九五》中的老囚犯，分別做了不同的選擇。僕人預先替未來做準備，享受了幸福的生活；而老囚犯雖然從監獄離開，重獲自由，卻因為無法適應而選擇走上絕路。這些故事讓我們知道，我們隨時都可能會遭遇危機。

但是為未來做準備並不容易，因為無論如何辛苦準備，都不會立即看到成果。然而，為未來做準備是實現更美好生活的必要條件。

股神巴菲特從小就有「為未來做準備」的概念。努力賺來的錢當然會想盡情花用、有很多想做的事，但他堅持保留下來投資股票，為未來做準備。透過持續不斷地準備和實踐，現在的他成為全球知名的富翁。

今日所做的準備是了未來的美好，這是孩子必須了解的金錢教育的核心。

點燃思考的打火石

- 如果遇到一毛錢都沒有的狀況，你會怎麼想？

打火石教育：第一個想到的當然是生活會很辛苦、很痛苦。但是絕對不能忘記「提前準備」，如果能在遇到困難之前做好準備，即使最壞的情況也能克服。

- 為了可能遇到的困難是否做過什麼準備？如果沒有的話，現在就一起想想，以後可能會遇到什麼困難，為了戰勝困難現在應該怎麼努力？

打火石教育：誰都會遇到意想不到的困難，無論是朋友關係、學業、家庭、健康等都可能發生問題。狀況發生時就要面對，迴避絕對解決不了問題。除了在生活中及早做好準備，也要認清人生絕不可能總是有好事發生，這樣才會明白準備的必要性。

培養對未來的預測能力

想為未來做準備，就要能預測未來。具備這種能力，才能判斷將來可能會發生的狀況、知道應該如何應對。預測能力不只在金錢教育層面上很重要，對孩子本身的生活也很重要。能經常思考接下來可能會發生什麼事，無形中也是在訓練想像力和創造力。

給孩子的故事

國王表示將邀請大臣們參加晚宴，但是他並沒有明確說什麼時候舉行晚宴。聰明的大臣說：「這是國王親口說的，晚宴可能隨時都會舉行，所以要早點做好準備。」為了可以隨傳隨到，準備好之後就站在王宮的正門前等著。

但愚笨的大臣卻說：「晚宴才沒有那麼快弄好，時間還多得很。」因此沒有做任何準備。

結果當晚宴正式舉行時，聰明的大臣從容進入王宮裡，而愚笨的大臣手忙腳亂地準備，耽擱了很久的時間最後不得其門而入。

有些孩子習慣提前做好準備，也有些孩子總要到最後一刻才打起精神。當然，我們不能因為孩子小時候性格可能比較散漫，就斷定他長大後也會那樣。但至少應該充分讓孩子知道「準備」的意義，以及有什麼益處。

還不習慣做準備的孩子不知道「為什麼要準備」的理由，不知緣由，就感覺不到必要性。**準備的核心是「預測能力」**，如果無法預測會發生什麼事，自然也不會有要準備的意識。

等到孩子長大成人後，預測能力就會發揮強大作用。試想如果企業家沒有預測未來的能力能拓展事業嗎？如果上班族無法預想自己該如何做才能晉升，那麼未來職場生活會是什麼光景顯而易見。

點燃思考的打火石

● 凡事都需要充分的準備，就像睡前要準備好隔天上學的東西一樣，面對將來長大賺錢，也要先有相應的準備。但你知道準備有什麼好處嗎？

打火石教育：如果不提前準備，心裡會忐忑不安，等到真的事到臨頭時，就會因準備不充分而心急如焚。此外，準備還有一個好處，就是可以培養「預測能力」。如果能預想到會發生什麼事，自然可以徹底準備。如果能經常想到會發生什麼事，不管面臨什麼狀況都能從容應對。

富人把信用和承諾視為最高價值

交易與契約是信任也是承諾

買賣也有「程序」，雖然在超市購物時可能沒什麼特別程序，但是像購買土地這樣大宗交易時，就必須按照程序進行，如果無視這些程序，可能會對別人造成傷害，自己也會有損失。所以應該及早讓孩子知道「買賣也有程序」。

下一個故事不僅關於買賣程序，也是有關「議價」的故事。雖然現在孩子還不太懂議價的概念，但未來做生意或做大買賣時，議價的技術是不可少的。

給孩子的故事

有兩個拉比同時看上一塊非常肥沃的土地，第一個拉比先和地主接觸，經過一番討價還價終於講好價錢，並約定幾天後正式交易。到了約定的日子，第一個拉比來找地主，卻發現第二個拉比已經買下那塊地了，第一個拉比氣呼呼地去找第二個的拉比理論。

「如果你去買點心，好不容易挑好了正想拿時，後面卻有人先把你想買的點心拿走，你覺得那樣是對的嗎？」

買了土地的第二個拉比回答：「那樣做不對，把點心拿走的人是壞人。」

第一個拉比又說：「你這次買的土地正是我先看中的，而且已經跟地主講好價錢，約好了要交易，結果卻被你買走了，你這樣做對嗎？」

「嗯，這是值得思考的問題。」

於是兩個拉比又去找別人討論，第三人提出解決方案：「第二個人把土地賣給第一個人不就好了嗎？」

但是第二個拉比拒絕：「把剛買下的土地馬上又賣掉，這是會破壞運氣的事，不能那樣做。」

於是第三人又想了個辦法：「那麼第二個人把那塊地送給第一個人怎麼樣？」

這次換第一個拉比說話了：「沒有付出任何代價就從不認識的人那裡收到土地，這是不應該的事。」

後來買地的拉比想了想，決定把那塊地捐給學校，這結果大家都很滿意。

這個故事的交易未按照程序，導致不公正的交易。凡事應該講求順序，第一個拉比先與地主接洽並已談好價錢了，卻突然出現其他人把土地買走，這樣是不對的。買賣應該「要徹底遵守約定」，雙方都已談好價錢了，自然不應該再賣給第二個人。換句話說，當知道別人已經進入議價程序，還想介入搶先買下的行為是不正當的。

在這個故事裡還有另一個重點，就是不該不勞而獲，尤其是從陌生人手中收下禮物。孩子長大後，會切身體會到「天下沒有白吃的午餐」。即使是對方主動並出於善意贈予，也會留下人情債務，成為心理上的負擔。

這個故事一開始雖然因程序問題產生交易糾紛，不過最後選擇了捐贈，也算是有個滿意的結局。不過不要忘了從中得到的教訓，就是必須遵守正直、透明的程序進行交易。

點燃思考的打火石

- 知道什麼是議價嗎？可以議價的東西有哪些？

打火石教育：購買土地、建築物、大規模的商品或服務等，通常都會有議價程序；而日常生活民生相關消費則是「標價制」，通常不需要議價。

- 別人已經議價好了，卻不管對方而自行買下土地，這樣的行為正確嗎？如果不正確，原因是什麼？買地的拉比有錯，那麼賣地的地主有沒有錯？簽約或買賣為什麼要遵守正當程序？

打火石教育：議價也是一種約定，所以當別人進入議價程序甚至議價完成後還介入是不對的。買賣雙方都違約了，為了防止這樣的糾紛，簽約和買賣必須遵守程序。

- 交易的基本是什麼？

打火石教育：進行交易的雙方都應該具備誠信，遵守彼此的約定是最重要的。如果破壞了誠信，就很難有正確、正當的契約和合作關係，那麼日後的爭議和問題將無法避免。

世上最難遵守的承諾

一旦約定好了就必須遵守，但是遵守約定有時沒那麼容易，所以偶爾人們會以各種藉口逃避約定或耍小聰明。故事雖然會用比較誇張或有趣的方式描述，但都是真實生活中會發生在我們周遭的事。能遵守約定不簡單，特別是和自己的約定，因為沒有其他人監督，所以更難遵守。如果想要成為能堂堂正正面對自己的人，就必須遵守約定。

給孩子的故事

一個猶太人從市場買來一匹馬，在回家的路上突然遇到猛烈的暴風雨，馬被狂風暴雨嚇到，在原地不肯前進。和馬搏鬥半天，疲憊的猶太人最後沒有辦法，只好向上帝祈禱。

「上帝啊，拜託請讓這暴風雨停止吧！如果您實現我的願望，我就把這匹馬賣掉，得到的錢全奉獻給您。」他的祈禱剛結束，暴風雨就停止了。他心想必須遵守與上帝的約定，所以騎著馬再度來到市場。他右手拉著韁繩，左手抓了一隻雞。一位農夫看到了便過來問他：

「那隻雞要賣嗎？」

「是的，但我只賣給買這匹馬的人。」

「那馬和雞一共要賣多少錢？」

「雞五十萬元，馬只要五千元。」

要說是智慧也行，要說耍小聰明也罷。故事中的猶太人將兩樣商品綁在一起銷售，因為賣了馬的錢全都要給上帝，他這麼做可以減少自己的損失，又不會違背與上帝的約定。他為遵守約定確實做了努力，不過或許也有人會說他「奸詐」，在自己遇到危機或不利的狀況時，提出報酬希望得到幫助，但在脫離危機後，又不想付出那麼多代價。但這故事可讓孩子知道，自己做出的承諾，一定要遵守。

點燃思考的打火石

● 如果你是那個猶太人，你會怎麼做？如果猶太人真的只奉獻給上帝五千元，會怎樣呢？他日後會不會感到害怕？耍那種小伎倆的猶太人以後如果再向上帝求助，上帝會幫助他嗎？

打火石教育：約定有兩種，一種是和別人的約定，另一種是與自己的約定。遵守和別人的約定是理所當然的，但是對自己也不能失約。如果不遵守和朋友的約定，朋友心裡會很失望，日後可能不會再相信你了；同樣地，如果不遵守和自己的約定，你會怎麼想？雖然沒有人會指責你，但你在心裡會指責自己吧，如此一來也很難產生尊重自己的心。所以為了自己，務必遵守自己所許下的諾言。

消費習慣造就富翁

守成的困難

賺錢固然辛苦，但守住賺到的錢更不容易，節約和減少花費的道理大家都懂，但現實中誘惑我們的東西太多，最具代表性的就是精心策劃的廣告。「方便、好吃、高效、便宜、帥氣」這些像甜言蜜語般的廣告誘惑，就連大人也很容易上鉤，更何況是孩子呢？如果小時候就抗拒不了消費的誘惑，長大後也很難擺脫過度消費的惡習。

給孩子的故事

赫歇爾的妻子每天都喊著「錢！錢！」赫歇爾聽到了後都說：「我一毛錢都沒

有。」

妻子就會回嘴：「這種話你去跟上帝說吧！我只知道孩子們在餓肚子。」

聽了妻子的話，赫歇爾露出嚴肅的表情對長子說：「去鄰居家借鞭子。」

妻子聽了全身發抖，用驚慌的口氣自言自語：「上帝啊，請可憐可憐我吧，現在那個人要拿鞭子打我啊。」

但赫歇爾並非要打老婆，他拿著兒子借來的鞭子到市場去，在空中揮舞大喊：「到特雷切夫只要半價！」

特雷切夫是離市場很遠的一個地方，大家聽到都覺得「真是太便宜了！」一下子就聚集了很多人，赫歇爾把錢都先收了過來，然後交給兒子說：「把這些錢拿回去給你媽媽。」

人群則跟著他邊走邊問：「馬在哪裡？」

赫歇爾對他們說：「別擔心，跟著我，我一定會帶你們到特雷切夫的。」

於是大家不再發問，跟在他身後走，但都已經走出市區了，還是沒看到一匹馬。走著走著看到遠方有一座橋，於是人們心想「馬一定就在橋附近準備好了」，但還是看不到一匹馬，這時大家已走了將近一半的路程，人們開始感到不滿，但是抱怨也沒有用，因為都已經走了一半了，也不可能回頭。終於，大家抵達特雷切夫，人們忍無可忍紛紛大發脾氣。

「你這個騙子，把錢還來，你竟然敢騙我們。」

赫歇爾噗哧笑了出來說道：「我騙了你們？你們說說看，我有沒有遵守約定把你們帶到特雷切夫？」

「但你應該用馬載我們來啊，用走的真是太不像話了。」

赫歇爾又回答說：「我有沒有說過要用馬載你們過來？」

大家一時目瞪口呆，無言以對。赫歇爾的話一點也沒有錯，大家雖然覺得很生氣，但也沒辦法再追究下去，只能吐了口唾沫氣呼呼地走了。

赫歇爾回到家，他的妻子滿臉笑容的迎接他問道：「赫歇爾，我實在無法理解，你除了鞭子之外沒有別的東西，你要去哪裡找馬載人呢？」

赫歇爾笑著回答道：「我哪需要什麼馬啊，不是有句俗語說，『只要甩一甩鞭子，總會找到幾匹馬』嗎？」

這個故事有好幾種解讀，首先是「有點子的地方就有錢賺」。赫歇爾只靠一條鞭子就賺了錢，從某種角度來看，不得不說是個不可思議的點子，不過實際上人們對他這種做法感到輕蔑，基本上這並不是真正的商業行為，可以說那些人是「被誇張廣告欺騙，走到雷特切夫的傻瓜」。

想想電視購物吧。主持人口若懸河，商品令人眼花繚亂，讓人覺得「如果我不買那個東西，好像就虧大了」。明明就是不需要的東西，但就像魔法一樣讓人拿起電話訂購。像這樣衝動購買，事後一定會後悔。又例如超市常推出買一送一的活動，有些商品根本不需要，但看到打折，也會讓人感覺如果不買就吃虧了。

對消費沒有明確的標準，容易被各種行銷手法左右，那麼辛苦賺來的錢就會不知不覺從指縫間流走。父母可以問問孩子有沒有這樣的經驗，幫助他們建立屬於自己的消費原則。

點燃思考的打火石

- 偶爾會看到某個商品以半價出售的廣告，商品為何可以半價出售？是否商人一開始把原價定高，然後再減半來吸引人們購買呢？

打火石教育：不管什麼事，都要具備批判性思考的態度，這並非是要把所有事情都往負面方向想，而是要看到隱藏在背後的真實。如果質疑商品價格打了半價還能賣、了解為什麼會做買一送一的活動，就不會因為賣家給的優惠而買些不必要的東西了。

- 有沒有過一開始原本沒有打算買，卻在看了廣告之後想買的經驗呢？這樣的行為算不算是衝動性消費？

打火石教育：買東西前要仔細想一想，這個東西是不是必需的？買完會不會後悔？

- 那些被赫歇爾的話吸引而走路去特雷切夫的人是什麼想法？經過這次經驗

他們下次還會被騙嗎？如果你被赫歇爾騙了，你會怎麼辦？

打火石教育：其實細究起來，赫歇爾並沒有騙人，他只是用非常巧妙的口才迷惑人們，再加上人們貪小便宜的心理。所以要記住，世上充斥著很多這樣的商術，千要不要被蒙蔽，要堅持自己的標準來消費。

花自己的錢也要心懷感恩

關於錢常有個誤解，就是很多人會認為「我有能力賺錢」和「我花自己的錢，和別人有什麼關係」。乍聽這些話並沒有錯，但仔細想想，不管你的能力多麼出眾，如果消費者不買單你也無法賺錢；如果公司主管或同事不給予幫助和認同，你就無法充分發揮自己的能力。因此，就算是用自己的能力賺錢，也要對周圍人懷有感恩之心。

另外，花自己的錢並非就代表可以為所欲為，我們都是社會共同體的一員，花錢也要負責任，過度奢侈和浪費的消費行為是不考慮他人的自私態度。

給孩子的故事

傳說中最早的人類——亞當，為了做個麵包填飽肚子，需要做多少工作呢？首先要開墾田地，然後播種、栽培，等小麥成熟後收割，再把麥子磨碎、揉成麵糰、烘烤等，至少要經過十五個步驟。在現代，我們只要付錢就可以買麵包吃，但是在以前很多過程都必須自己一個人做。所以現在能這麼方便就吃到麵包，應該要感謝很多人。

衣服也一樣，假設亞當要做一件能蔽體的衣服穿，需要養羊、剪毛、將羊毛做成織線、變成布、再裁剪縫補，要經過很多努力才能得到一件衣服。現在我們只要付錢，就可以在服飾店買到自己喜歡的衣服。所以穿衣服時，也不要忘了感謝那些辛苦做衣服的人。

人是無法獨自生存的，雖然我們可以靠自己的力量做很多事，但其實在背後有無數人的辛勞才使一切變得可能。一塊麵包、一件衣服只要花錢就買得到，但在那些成品的背後卻包含了許多過程和人們的勞動。即使自己賺了錢，也要了解這中間並非完全是我自己的功勞，還牽涉到很多人的付出，才能賺到錢，才能花錢買喜歡的東西，所以要時時抱持著感恩的心。**讓孩子擁有感恩的心，在金錢面前就能保持謙遜的態度，也會樂於幫助周圍的人，養成優秀的人格**。

據說猶太人評價一個人有三項標準，以猶太語來說是「基索（Ciso，錢包）、科索（Coso，酒杯）、卡索（Caso，憤怒）」。錢包意味著錢有多少，但更重要的是怎麼花錢。飲酒是增進人與人之間關係的一種方法，但如果喝多了就會出問題。適度地發洩憤怒對自己有好處，但如果失控或為了發怒而發怒，不但會傷害別人，自己也會有損失。

對於錢我們常常只注意「賺了多少錢」或「花了多少錢」，但也不要忘記，金錢有時會成為影響我們性格的重要關鍵。

點燃思考的打火石

● 自己賺的錢就可以隨心所欲地花用嗎？或者自己賺了錢，就是完全只靠自己的能力賺來的嗎？

打火石教育：從事「為了別人而做的事」可以賺錢，就像在公司努力工作，就可以領到薪水，但那些工作是為了誰呢？可不是為了自己，而是為了消費者。只有製作出消費者會買來吃、喝、穿的產品或服務才能拿到薪水。就算自己創業也一樣，生產的東西都不是為自己，而是要做別人能用的東西才能賺錢。我的存在必須有別人存在，人與人在關係中互相幫助，才會產生商機、才有錢賺。因此就算賺到了錢，也要對別人懷有感激之心。即使是自己的錢，也不能隨心所欲地花在自己身上，還要懂得為其他人付出。

宣傳與誇大廣告之間的兩難

我們的生活中常會遇到「宣傳和廣告」。宣傳不只是用在銷售商品上，我們應徵工作時投遞的履歷也是一種宣傳，在社會生活中，常會遇到需要介紹自己的情況，那都是一種宣傳。若是自己創業，宣傳工作的重要性更是足以攸關成敗。近來很多產品或服務像閃電一樣出現又馬上消失，為了能長久生存，宣傳戰略必不可少。但是如果宣傳過度或誇大，或許可以馬上吸引人們的關注，使產品銷售亮眼，但日子久了終究經不起考驗，會影響消費者的信任，問題也會慢慢浮現。

給孩子的故事

一位德裔猶太人在市場上賣牛，但他的牛瘦巴巴的，他不敢賣得太貴，只開價一百英鎊，但是沒有人願意購買。在一旁觀察的波蘭裔猶太人用同情地語氣說道：「你做生意的方法不行。讓我幫你賣吧。」

接著波蘭裔猶太人向人群喊道：「大家快看這裡啊，這是一頭既不用飼料，又容易飼養的母牛，是會生產很多牛乳的母牛，只賣四百英鎊。」

於是人們成群結隊圍過來想買牛。德裔猶太人大吃一驚，推開人群拉緊牛的韁繩說：「喂，別開玩笑了。這麼好的牛只賣四百英鎊，是誰說的？這是我的牛，我帶走了。」

波蘭裔猶太人的誇張宣傳不僅立刻吸引人們的注意，連牛的主人德裔猶太人也大吃一驚。不過開價一百英鎊也賣不出去的牛，若能以四百英鎊的價格賣出去是好事，可是德裔猶太人為什麼反悔不想賣牛了呢？

一是德裔猶太人心知肚明那是誇大的宣傳，他怕真賣出去會發生問題，所以乾脆自己中斷交易，因為他遵守對消費者的誠信。第二，或許他也被波蘭裔猶太人的誇大宣傳蒙蔽，覺得自己的牛這麼好捨不得賣。而且如果真賣了四百英鎊，勢必要給波蘭裔猶太人一些報酬，既然如此不如還是自己賣自己賺比較划算。不管情況為何，最後這個誇大宣傳還是沒有促成交易，不道德的交易並未成功。

點燃思考的打火石

● 分析看看波蘭裔猶太人行為的優點和缺點。

打火石教育：瞬間吸引人群，還能把一百英鎊都賣不出去的牛用四百英磅的價格出售是優點；但是以誇大虛假的宣傳手法欺騙他人，這種不誠信的態度是破壞交易倫理的行為。

● 如果像德裔猶太人一樣不做任何宣傳，就默默等客人上門，這樣做好嗎？

打火石教育：雖然德裔猶太人不像波蘭裔猶太人那麼誇大，但要販賣商品還是多少應該宣傳一下才能賺錢。如果不懂宣傳，一直都賺不了錢，最後可能連本金都無法收回。

● 誇大宣傳和虛假宣傳的區別是什麼呢？

打火石教育：誇大宣傳的內容多少是真的，只是把功能或效益放大；虛假宣傳基本上不是事實，卻說得好像是真的一樣，換句話說就是欺騙。所以絕對不能進行虛假宣傳，同時也要注意避免誇大宣傳。某種程度的誇張是可以理解的，但是太超過就會淪為虛假宣傳。所以宣傳前要好好想想，如何才能宣傳到人們的心坎裡，而不是得到「哎，那個一看就知道是詐欺啊！」這樣的評語。

● 「宣傳」和「廣告」的區別是什麼？

打火石教育：宣傳是廣義的，宣傳方法有很多，包括不花錢就能把想要的內容傳布出去獲得利益，像是透過口耳相傳或利用現在的網路社群，都可以說是「宣傳」，而且不需要額外的費用。相反地，廣告就是要收費，而且通常費用很高。我們在電視上看到的廣告，不僅製作需要支付費用，還要付錢給播放廣告的媒體。而因為網路科技發達，現在透過社群網站宣傳已不再是完全免費，如果委託名人宣傳，除了免費提供產品還要支付報酬，就等於是做廣告了。

做事有效率才能成為富翁

一定要長時間努力工作嗎？

努力工作、長期工作，是被人們肯定的勞動價值觀。工作當然要努力，而且工作時間越長，就可以賺更多的錢或升職。這種勞動價值觀本身是好的，但不能成為全部。應該是說，工作要最大限度地提高效率，以便盡快、順利地完成。年紀很大了還在工作，這意味或許是自己的工作系統方面不夠健全，如果具備完善高效率的系統，工作會很順暢而且自然會帶動收益，就可以縮短必須工作的時間，早日享受屬於自己的生活。

給孩子的故事

有個人擁有一座很大的葡萄園，他把葡萄園託付給弟弟管理，然後在世界各國旅行，每年只巡視葡萄園一次。

有一天葡萄園主人旅行回來，弟弟問：「哥哥，旅行還愉快嗎？」

「很好啊，幸虧有你讓我可以放心去旅行。今年應該也收穫不錯吧。」

主人和弟弟一起在葡萄園裡散步，也慰勞工人的辛勞，這時葡萄園主人發現有一名工人動作很快。

「那個人的手腳好快，工作速度是別人的好幾倍。」

「是啊，哥哥。他是上個月來的，工作速度快做得又好。」

主人注視那個工人，心想他「真是個做事快又仔細的人」。

「弟弟，把那個人借給我吧。」

「什麼？」

「我有話要對他說，你叫他來找我。」

「好。」

工人按照吩咐到主人家拜訪，他到了門口先拂去身上的灰塵，把亂蓬蓬的頭髮也梳整齊。

「主人，您找我嗎？」

「你第一次見到我，怎麼知道我就是主人？」

「透過感覺知道的。」

「呵呵，過來坐吧。」

「不用了，我站在這裡就好。」

「你不用客氣，過來坐下喝點東西。」

「是，謝謝。」

主人與工人一邊喝飲料一邊談話，時間不知不覺地過去，工人很健談講了很多關於自己生活中遇到的故事，以及對葡萄園的意見。不久，工人看了看窗外嚇了一跳。

「哎呀，我都不知道時間已經這麼晚了還坐在這裡，我得趕回去園裡了。」

「好啊，我也正好要去，就一起走吧。」

當主人和工人抵達葡萄園時，園裡的工作也告一段落，所有工人都排成一列準備領取當天的工資。那名手腳快的工人也去排隊，他心想今天工作到一半就去主人家了，但應該還能領半天的酬勞。但沒想到主人卻吩咐給那名工人一天的工資，於是其他工人向主人提出抗議。

「主人，這樣不公平！」

「他下午都不在，應該只能領半天的錢啊，請公平一點！」

「做多少工作就拿多少錢！」

憤怒的工人們瞪大了眼睛，好像馬上要衝上去似的，主人平靜地說道：

「你們聽好了。我認為重要的不是工作了多久時間，而是做了多少事。這個人半天做的工作是你們花一整天做的量，所以給他一天的工資一點也不為過，若真的要公平來計算，這個人拿到的錢應該要比你們還多。你們自己也很清楚吧，不是嗎？」

其他工人也不敢再多說什麼了。

有效率是指在同樣時間、投入同樣的工作中能取得更多成果，這也是讓人生前進的推進器。學習要有效率，工作或做生意也一樣。工作時展現效率，就能得到上司的認可，為自己爭取更好的職位或提高薪資。

但並非只要自己一個人工作出色就是有效率，世上所有事情都要「合作」，運用智慧的方法合力完成工作，才能產生效率。可惜的是我們的孩子在學生時期並沒能好好學習到合作，因為不像猶太人的教育方式以討論為中心，如果不與他人交流想法，總是獨自尋找答案，就不會了解合作的重要性，因此要讓孩子知道「合作可以帶來效率性」。

這個故事不只展現了「工作的效率性」，還讓我們看到「生活的效率性」。雖然在年輕的時候進入公司上班，但不能一輩子只當上班族。因此，應該趁著在職場時累積經驗，開發屬於自己的「賺錢系統」多賺取一些種子資金。將來無論是旅行還是構想其他事業，都要享受自己的生活。賺錢系統就是所謂「生活的效率性」。

目前孩子對這些可能還沒有太大的興趣，但是如果能越早制定目標，就能越早準備人生。**對未來沒有設立目標，只靠著眼前的薪資生活的人，和努力建立「屬於**

自己的賺錢系統」的人，未來的發展必然不同。

點燃思考的打火石

● 主人為什麼要把手腳快的工人叫來一起喝茶？

打火石教育：看到他工作效率高又做得好，主人或許想問問工人對葡萄園有什麼看法或有什麼需要改善的地方。工作效率高又做得好，自然會被注意，也能為自己帶來更多機會。不管工作還是學習，都要講求「效率」，能夠與別人花同樣的時間，卻能產出更多成果，那麼日後不管做什麼都能比別人更快成功。

原則與固執之間

當上班族與自己創業最大的差異在於「穩定」。公司只要不倒閉、工作只要不要出大錯被開除，那麼上班族一般都能過穩定的生活。自己創業做生意雖然有機會賺大錢，但風險起伏大，穩定性自然會下降。不過人不能因為穩定性下降就在危機面前軟弱。**面對危機的武器是「爆發力」**。順著情況變化，具有創意性的爆發力可將危機化為轉機，危機化解了就能獲得更大的穩定性。

給孩子的故事

有一間教堂的拉比統計了人們捐獻的善款。

「弟兄們一點一滴、積少成多累積了這麼多金額。這些錢該用在哪裡好呢？」

拉比想了想，最後決定買一顆裝飾聖殿的寶石。經過多方打聽，終於找到一間高級珠寶店，那個珠寶店裡有一顆巨大的寶石，而且全市只有這一顆，要價三千個金幣。拉比抱著三千個金幣去了那間珠寶店。

「歡迎光臨。」珠寶店裡的青年向拉比鞠躬，恭敬地打招呼。

「你好，聽說這裡有賣世界上最棒的寶石。我這裡有弟兄們捐獻的三千個金幣。」

「您買寶石要做什麼用呢？」

「我想用來裝飾聖殿。」

「您真是來對地方了，我們店裡只賣最高級的寶石。您真是很有眼光，請稍候。」

青年開心地去拿金庫鑰匙，但一直放在固定位置的鑰匙不見了！青年瞬間心跳停了一下，但在聽到父親打鼾的聲音後，就放心了。

「原來是被爸爸拿去了。」

原來青年的父親睡覺時，總會習慣把金庫鑰匙拿來放在枕頭底下。青年輕輕地打開了父親的房門，看父親一臉舒服地熟睡著，他不忍心叫醒父親，於是走出來對拉比說：「真抱歉，現在沒有辦法賣您寶石。」

「寶石有什麼問題嗎？」

「不是的，因為金庫鑰匙在我父親枕頭底下，而我父親現在正熟睡著。」

拉比覺得訝異而問道：「等等，你現在的意思是要錯過賣價值三千個金幣的寶石的機會嗎？我說不定會去別的地方買喔。」

「對不起，但我不能把熟睡中的父親吵醒，三千個金幣是很貴重，但對我來說讓父親好好休息更重要。」

這個故事該如何解讀呢？應該稱讚放棄三千個金幣、守護父親安睡的兒子的孝心？還是應該責怪兒子固執呢？兒子的孝心很高尚，但是在這個故事中讓人很難苟同。因為父親並非命在旦夕，只是睡午覺而已，為此不叫醒父親拿鑰匙而錯過生意，這是過分的固執。

《塔木德》中出現的大部分故事都是比喻性的。如果把兒子的孝心當作一種「原則」，那麼這個故事帶來的教訓就很清晰了。在人生和事業中，「原則」非常重要，一旦被打破，隨時都有可能再次被打破，這樣下去可能就無法守住自己的本質。當然，在做生意時只遵守原則並非好事，賺錢的方法很多，在這個過程中發生的各種困難常常都需要瞬間爆發力緊急應對。這種時候如果還堅持原則，很容易會錯失新的機會。「創造力」就是打破現有框架，徹底擺脫固定模式。如果不脫離既定框架，就會被競爭者左右。因此在上述故事中，雖然孝心是一個非常重要的原則，但過於固執的堅持是不明智的。

這個故事還可以從另一個角度來解讀，拉比抱了三千個金幣想買寶石，而且全市只有一個，拉比想買那顆寶石，就非得在那家店不可。就算現在買不到，日後也還是會來買。或許青年篤信這一點，所以當下堅持不賣。從這個觀點來解釋，就是青年具有「壓倒性的競爭力」。如果自己具有絕對的優勢和差異性，就可以在市場上掌握勝算。

點燃思考的打火石

- 如果你是那位賣寶石的青年，你會怎麼做？會叫醒父親，還是像他一樣請拉比先回去？為什麼？

打火石教育：青年的孝心雖好，但有時需要應變力和靈活性。當顧客表達了想買的意願，自己卻把機會放掉，這可不是明智的決定。僅因為父親在睡午覺就不賣寶石，未免也太固執了。

- 把熟睡的父親叫醒會對父親感到抱歉的話，可以用賣寶石所得的三千個金幣做哪些補償呢？

打火石教育：可以買衣服給父親，也可以帶父親去吃美食，或者直接包個大紅包給父親，都是表現孝道的方式。

但是最重要的是那個寶石只能在那個城市裡的那家店才買得到，拉比要買寶石就必須去那家店，這就是那間店的「競爭力」。擁有別人沒有的競爭力，就能占有優勢，獲得更多的機會。

了解經濟趨勢才能富裕生活

商人的利益vs.消費者的利益

一旦有了經濟觀念，孩子就會開始發現「雖然都是一樣的東西，但有些地方賣得更便宜」。所以，如果是常用的東西，就在賣得最便宜的地方買。不過，孩子雖然知道「這裡賣得更便宜」，卻不見得知道「為什麼可以賣這麼便宜」。這就是「價格競爭」。價格競爭是十分重要的商業行為之一，在這裡還可以衍伸出所謂「不當的交易」。降價銷售算不算不當的交易？**《塔木德》將判斷的標準歸結為「消費者的利益」**。

給孩子的故事

一個商人來找我，向我訴苦說其他商店不當降低貨物價格，搶走自己的顧客。在《塔木德》中有很多關於不當競爭的故事，我花了一個星期的時間研究《塔木德》，針對不當競爭，《塔木德》裡這樣解釋：

如果有一間店主要販賣A商品，其他店家就不能把店開在旁邊也賣A商品。但是在有兩家店存在的情況，假設其中一家店把A商品加了贈品一起銷售，雖然贈品不過是一根玉米，但孩子為了想吃玉米，就會拉著媽媽去那家店買A商品。在《塔木德》中有拉比認為，降價競爭對購物的顧客有利；有的拉比認為為了招攬客人，降價銷售或加上贈品促銷是不正當的行為。但大多數的拉比認為，無論降價競爭多激烈，都不算是不公平的交易，因為只要對顧客有利就好。我向那名訴苦的商人解釋，他終於釋懷。

「盜竊物品的行為是被明令禁止的，但無論物品價格下降多少，低價出售都不算不正當的行為。」

也就是說，如果在自由競爭的原則下，能使消費者獲益，就可以視為值得肯定的事。

讓我們回頭思考「不能在經營某種特定商品的商店旁邊開店，銷售同樣的商品」的部分。在有人搶先占領銷售的情況下，以銷售「相同商品」為目的開設新店，可能會成為不正當交易，但從競爭的觀點來看就並非如此。例如假設某家公司生產手機，但不能說其他公司生產手機就是不正當的。因為在資本主義社會，競爭是被允許的。但如果涉及「專利」就是另外一回事了，因為盜用其他人的想法是不對的。

在這故事中，給予贈品或低價出售的經濟行為被判斷為沒有問題，被認為是一種「行銷」。現代經濟活動中的「贈品促銷」、「低價行銷」很普遍，不會有特別的爭議，但在幾千年前的商業交易中，這種銷售方式可能存在爭議。在故事中，對這種故意壓低價格的方式並不認為是不正當交易，並將判斷標準歸結於「消費者的利益」。是「商人的利益」重要，還是「消費者的利益」重要？在這裡「消費者的利益」是最優先的。如果商家串通起來抬高價格，就會侵害消費者的利益。

商業行為是為了滿足消費者的需求，基本前提是應該朝增進消費者利益的方向前進。這是金錢教育中非常重要的概念。

點燃思考的打火石

● 降低價格或附上贈品銷售為什麼不算不正當交易呢？

打火石教育：從消費者角度來看，可以用更少的價錢購買商品，或者即使是原價，卻可以額外得到贈品，對消費者更有利。也就是說，「消費者的利益」非常重要。

● 相反地，如果商家之間私下協議，大家都不降價，那樣算不算不正當交易呢？為什麼？

打火石教育：這樣消費者就必須花較多的錢購買商品，使「消費者的利益」受到侵害。現在如果發生賣方之間進行「串通」，就會因為進行「不正當的共同行為」而被罰款或受到處罰。因此，在進行商業交易時，首先要考慮消費者的利益，企業之間不能串通起來哄抬價格。

● 附了贈品的商品就一定是好的嗎？有知名速食店舉行購買特定套餐即贈送玩具的活動。免費獲得贈品，對消費者來說是好事嗎？

打火石教育：有時對消費者不一定是好事。換個角度看，贈品費用可能會變相轉嫁到消費者身上。很多公司會把電視廣告的費用反映在商品價格上，例如同類型的商品，如果不做廣告賣一千元，如果有做廣告就賣一千一百元。公司不能虧損，做廣告的目的是吸引消費者，因此會把這個成本算在賣給消費者的售價中。所以，聰明的消費者不要因為有送贈品就覺得自己賺到了，那不一定是好事。

從生產者到消費者

想要了解經濟，就必須了解「通路」。通路在經濟活動中扮演非常重要的角色，再好、再便宜的東西，如果沒有銷售通路，就沒有任何用處。而如果可以了解批發商和零售商的差異，對經濟生活會很有幫助。像近來網路購物很發達，但是基本上也是按照批發→零售的方式運作。如果了解通路，就能了解「生產者（供貨者）→批發商→零售商→消費者」的關係，明白整個市場的發展趨勢，也可以進一步理解批發商和零售商之間的賒帳交易。

給孩子的故事

布匹零售商克洛揚卡從遠處的批發商那裡批來商品，卻不想付一百二十馬克的費用。批發商派人去克洛揚卡取款，克洛揚卡居然故意迴避。批發商又寄了信催促，但沒有收到任何回覆。批發商老闆很苦惱，問一名新進職員該怎麼辦才好。

「現在到底該怎麼辦？」

新進職員很有自信地回答：「我有個好法子。就是寄給克洛揚卡一封要求償還一百八十馬克的催繳信，看看他會有什麼反應。」

批發商老闆如法泡製，寄了封催繳信給克洛揚卡，要他償還一百八十馬克。克洛揚卡果然很快就回信了，他在信中這麼說道：

「你開玩笑嗎？要我付一百八十馬克？我明明就只要付一百二十馬克而已，憑什麼要我多付錢？隨函附上一百二十馬克，我不會再向你訂貨了。如果你敢再亂說話，我就告你！」

批發商從生產者那裡大量購買商品，然後賣給零售商。生產者可以一次性大量出售並獲得資金，消耗庫存，而且還可以立即支付生產相關費用，對各方面都有助益。

批發商以低廉的價格大量購買，再分批賣給零售商，最後消費者再向零售商購買商品。零售商需要的量沒那麼多，資金也不夠，所以不會直接向生產者購買，而是透過批發商購買商品。

以上是最基本的銷售通路，但如今已經演變得更多樣了。有些小規模的生產者（例如小農）會直接販售給消費者；也有消費者為了壓低價格會先召集有相同需求的人，累積到一定數量再直接向批發商大量購買。

批發商和零售商之間的賒賬交易是很普遍的狀況，零售商先拿了貨賣給消費者，賺取收益後再付貨款給批發商。在此過程中也有可能發生不正當的交易，例如零售商拿了東西卻拖欠款項遲遲不付給批發商，就像故事中克洛揚卡一樣的狀況。

在這個故事中，特別有趣的是以假金額催款的機智點子。當然現實中不能要求支付合約規定以外的費用，但由於克洛揚卡是故意迴避付款，批發商也催繳過很多次了，在逼不得以的情況下只好用一點小計謀，以求順利收取應收款項。

零售商克洛揚卡在收到催收單後，心裡一急想說絕不能吃虧。他本來想省下一百二十馬克，但現在可能會多損失六十馬克，當然趕緊償還應付的費用以避免損失。

點燃思考的打火石

- 故事中的零售商為什麼不給錢一直躲呢？他那樣的行為雖然短期來看可以減少支出，但從長期來看真的有好處嗎？

打火石教育：在交易時應該把正直和信用視為最優先，如果為了當下對自己有利，就背棄了正直和信用，從長遠來看必然會蒙受更大的損失。

- 為什麼批發商會不收錢就先把貨品給零售商？這種交易稱為「賒賬」，有什麼特別的理由嗎？

打火石教育：在經濟狀況不足以支付全部貨款時，買方會以自己的信用為基礎向對方請求賒賬。如果不是互相信任的關係，賒帳是不可能發生的。商業交易不僅僅是買方向賣方支付金錢的行為，更是以人與人之間的信任為基礎的人際關係。

- 批發商要求一百八十馬克而不是一百二十馬克後，零售商突然馬上付錢的理由是什麼？如果收到這樣的催促函，你會有什麼想法？

打火石教育：會覺得不合理。所以零售商才會認為盡快付清原本講好的一百二十馬克才不會造成自己的損失。

● 如果該給的錢一直不給，對方會有什麼想法？如果遇到這種人，你會有什麼想法？

打火石教育：拖欠該支付的錢，會對收款方造成困擾。所以一定要遵守約定，否則不僅會失去別人的信任，還會給對方造成巨大損失，那樣以後別人就不會再跟你交易了。

銀行給我們的東西

街上有各式各樣的商店，孩子最熟悉的應該是和父母一起去的餐廳或便利商店，尤其是便利商店，很多孩子自己一個人也可以去買點小東西。但是孩子一個人幾乎不會去的地方，就是銀行。除非有開戶，否則幾乎沒有理由去。

但是了解銀行的功能、熟悉銀行業務，對孩子將來成年後很有用處。銀行在我們的生活中扮演非常重要的角色，存款、匯款，各種理財方式以及大小貸款等，都要透過銀行才能進行。

給孩子的故事

有一個拉比家裡很窮，於是決定進城賣魚。他的妻子買魚回家，先精心烹調後，再由拉比把料理好的魚裝上推車運去市場賣。拉比總是把推車停在銀行對面賣魚。過了幾天，鄰村另一個拉比來找他。

「生意怎麼樣？」

「還過得去。」

鄰村拉比又說道：「那麼你可以借我五盧布嗎？」

賣魚的拉比與鄰村拉比很熟，雖然想借他五盧布，但自己的手頭實在很緊，要不然也不會出來賣魚了，所以只好拒絕他。

「有看到對面那間銀行嗎？我在這裡做生意時，和銀行商量好了。我不借錢給別人，銀行也不賣魚。」

這個故事可以簡化為兩個重點，一是巧妙婉拒借錢給朋友的方法，另一個是對銀行基本業務的說明。

對孩子來說，最基礎的金錢教育之一是個人的借貸關係。大人在現實生活中會向別人借錢，也會向銀行借錢。孩子長大後會經歷很多事，也許也會發生借錢給別人卻拿不回來的委屈，尤其對象是朋友就更讓人心痛。因此要明確為孩子說明借貸關係。

賣魚的拉比想借給鄰村拉比五盧布，但自己的處境也不好，如果他經濟寬裕當然可以借給別人，但在自己也沒錢的情況下還借錢給別人就是愚昧的行為。所以要告訴孩子，就算是很親的朋友，在借錢之前一定要先衡量自己的能力。

關於銀行的功能，可以先告訴孩子一些觀念，銀行並非只是負責保管錢的地方，也是可以借錢的地方，是可以學習和實行多種理財方法的場所。能有效利用銀行功能的人和不知如何利用銀行的人之間有什麼不同，這個部分可以與孩子一起去銀行體驗一下，現場解釋銀行的作用，讓孩子理解「以錢賺錢」的概念。

一般的賺錢，是必須提供商品或服務，或付出自己的勞動力。但銀行是「借錢賺錢」的地方，利息就是銀行賺取的收益，可以向孩子解釋利息就是「借錢的使用費」，應該會比較容易了解。

點燃思考的打火石

- 朋友曾經跟你借過錢嗎？那時候有什麼感覺？

打火石教育：在自己能力足夠時借錢給別人無妨，但如果連自己也缺錢，還硬著頭皮借錢給別人就是無理的行為。還有能不向人借錢就不要借，因為那都是遲早要還的債務，所以還不如節省一點、忍耐一點，盡量不要製造債務。

不過將來如果創業會需要較大筆資金，這時就可能會需要借錢，這種狀況通常會透過尋求投資者或向銀行貸款。銀行就是靠借錢出去賺取利息收益，所以只要條件符合通常申請貸款都會成功。但不管怎麼說跟別人借錢總是有負擔，要珍惜著使用，而且一定要還。

銀行的賺錢方式與一般公司或商店不同。餐廳賣食物賺錢，便利商店賣泡麵和飲料賺錢，而銀行是透過借錢或保管錢的方式獲取利益。如果和銀行往來頻繁關係又好，就可以知道很多賺錢的方法。因為銀行有很多金融商品推薦，也有專業人員提供諮詢。如果投資獲利賺很多錢，在銀行存有大量資金，銀行甚至會派專屬的理財專員，提供「VIP服務」。若成為VIP客戶，就能進一步得到更多關於資金管理和專屬的投資建議，還可以就財產配置進行諮詢。

有智慧的人際關係能致富

人際網絡的重要性

交朋友的理由是什麼呢？並非只是為了在困難的時候可以得到幫助，但是生活中，人難免都會互相提供大大小小的幫助，當然也可能遭到背叛。未成年的孩子交朋友很單純，遇到困難或有苦惱時，也會聽取朋友的意見，互相幫助。但是不能因為親近就過分依賴對方，同時也不能因為交情不深，就拒絕給予幫助。

想要擁有更豐富的生活，就不要拘泥於封閉的朋友關係，應該追求更開放的人際關係。

給孩子的故事

從前有位國王命令一位男子入宮，那個人不知道國王為什麼找自己去，他很擔心是不是自己犯了什麼錯，所以拜託朋友陪他一起去。他有三個朋友，第一個朋友很熟；第二個朋友雖不如第一個朋友那麼熟，但也還算親近；第三個朋友是最不熟的。

男子對最要好的第一個朋友說出請求，拜託他一起去王宮，但居然遭到冷淡地拒絕。無奈之下，男子只好去拜託第二個朋友，第二個朋友說：「我陪你到王宮門前就好。」

失望的男子去找第三個朋友，這個最不熟的朋友出乎意料地說：「一起去吧，你沒有犯錯，別擔心，我陪你一起去見國王。」

故事中的第一個朋友，也是男子認為最親近的朋友卻冷淡拒絕他的請求，理由為何不得而知，但我們可以了解到「即使再親近的朋友，也可能無法幫助自己，因此若發生這種事情，就要接受」。這樣講雖然很無情，卻是很實際的建議。孩子不久之後也會遇到類似的事，我們希望孩子不要受到太大的傷害，因此要提前讓孩子了解人際關係，這也是金錢教育之一。當然也會遇到像故事中的第三個朋友，以為只是泛泛之交，卻能在需要的時候提供幫助。所以要告訴孩子，平時擁有廣泛的人際關係是多麼重要。

所謂的「共同體」就是「擴張的我」。猶太人之所以具有強烈的共同體意識，是因為將他人也視為「我」。如果雙方都把彼此視為另一個「我」，團結力就會增強，形成所謂的共同體。大人世界的人際關係有時會轉化為經濟關係，也就是互相分享資訊、在經濟上互相幫助的關係。所以父母可以協助孩子回顧一下自己的交友圈，幫助孩子建立更廣泛的關係。

或者我們也可以用「投資」的概念看待幫助別人這件事。當然，純粹只是想幫助別人的心態很好，但不管你願意不願意，接受幫助的人會產生想要回報的想法，這是人之常情。雖然自己並沒有期待，但可以視為一種另類投資，無私地幫助別人，如果得到意料之外的回報，心情一定會很好吧。不過如果是在期待回報的前提下幫助別人，這樣就不明智了。

將人們相互幫助關係的實際面告訴孩子，就能協助孩子進一步鞏固經濟概念。

點燃思考的打火石

● 「朋友之間」是什麼呢？曾經被朋友拒絕過嗎？如果有的話，當時的心情怎麼樣？

打火石教育：如果被朋友拒絕，雖然會難過，但是不要埋怨朋友，或許朋友是因為某些不為人知的難處而拒絕你。重要的是要釐清朋友之間並沒有一定要出手幫助的義務，能幫助當然很感謝，但那並不是義務。

● 如果有誰來幫助你，你會有什麼感覺？特別是平時不怎麼熟的朋友？

打火石教育：一定會很感謝對方，如果對方日後遇到困難，也一定會幫他。幫助他人，也算是一種另類的投資，為了未來可能需要幫助而先投資。當然我們不是一開始就想到這些才給予幫助，但從結果來看大部分都會得到回報。

●是否曾為了交朋友而努力？

打火石教育：努力建立更廣泛的交友圈總是好的，即使不是很親密的關係，但認識的人越多，就越能夠互相幫助。

借錢時的心態

接下來談談在借貸過程中產生的情感吧。私人之間的借貸並不是商業交易的概念，而是雙方關係有多熟識的問題。但是如果錢借出去卻收不回來，就會在彼此心中留下疙瘩，也會生對方的氣。而借錢的人也有說不出口的心情，因為向朋友提出借錢要求本身就是一件令人感到羞愧的事。

給孩子的故事

魯本向西蒙借錢，西蒙二話不說就把錢借給魯本，同時說道：「這筆錢就當是我給你的禮物，所以你不用還沒關係。」

但魯本聽了感到羞愧又不知所措，後來他再也沒向西蒙借錢。

魯本是個正直的人，借了錢是絕對會還的，但是西蒙卻沒指望把錢拿回來，而且還說這是「禮物」。

魯本為什麼感到羞愧又不知所措呢？因為站在魯本的立場，可能會認為「他是不是不相信我？」魯本是個很正直的人，他打定了主意一定會還錢，所以才會向西蒙借錢，但西蒙說的話和態度，可能讓魯本認為對方不信任自己，才會以一種「你就拿去吧」的意思把錢給他。另一方面，西蒙也許看朋友因為錢而過得很辛苦，是真心想送朋友這個禮物。但除非是特殊情況，否則一般人不太可能收下「錢」這個「禮物」。因此無論西蒙是多麼有誠意，在魯本看來都可能會曲解西蒙的意思。

如果西蒙能再多思考一下，「魯本是我的朋友，這筆錢給他，他不還也沒關係」，把這個想法放在心底，借錢時不需要說這是禮物，只要對魯本說「好，我借你」，日後如果魯本有困難無法還錢時，就說「沒關係，那就當作是送你的禮物」。這樣或許魯本就不會有多餘的推測和誤會，而會對西蒙深表感謝。

在借貸過程中可能發生的情感問題也是金錢教育的一環，這種事在日常生活中並不少見。我曾聽在地方上頗有財力的人抱怨過：「找我借錢的人太多了，讓我不得不想辦法避開他們。」

點燃思考的打火石

● 借錢給別人時，有沒有想過「說不定收不回來」？

打火石教育：有借有還是理所當然的道理，這樣朋友關係才能維持下去，但在現實中可能會因為一些不得已的原因而無法還錢，所以老一輩的人都說「借錢給親近的朋友時，就當是送禮吧」。當然如果金額很大另當別論，不過在自己能承受的範圍內，最好能做好心理準備，「這有可能是借出去拿不回來的錢」。這樣想的話，當朋友還錢時不就更開心了嗎？

● 關係很親近的人，送錢當禮物也沒關係嗎？

打火石教育：就算再怎麼親近也不能送錢給別人當禮物，即便是真心誠意，對方也很可能會誤會，可能會想「難道我看起來就是一付窮酸樣嗎？」會傷害對方的自尊心。

富人的生活態度

若想成為真正的富翁

金錢教育的目的並非只是為了讓孩子成為富翁，即使成為富翁，也要明確知道「富人的問題」，才能成為真正的富翁。若少了金錢教育，就算成為富翁，恐怕也是個會欺壓窮人的暴發戶。

同時要記住，就算成為富翁，也不一定永遠都是富翁，危機隨時都有可能發生，為了克服危機，必須不斷學習、探索、提高實力。要確切認知到能成為富翁不是靠運氣，而是實力。

給孩子的故事

華麗而巨大的遊輪上載了許多遊客，個個看起來都很有錢，脖子上戴著閃閃發亮的貴重項鍊、手腕上是昂貴的名錶、手指上戴了金戒指，身上穿著名牌服飾。但在這群有錢人裡有個看起來很突兀的貧窮青年。

一個富翁瞄了青年一眼，不屑地嘲笑說：「那傢伙是誰啊？跟我們這些上流社會的人一點都不搭。」

「就是啊，他自己也心知肚明，所以才會縮在角落裡吧。」

看著那位青年，有錢人開始互相炫耀。

「我們家有非常昂貴的黃金蟾蜍，如果賣掉可以買二十幾間房子。」

「我們家有很大的游泳池，夏天你們可以來玩。」

「游泳池我家也有。你們家有幾輛車啊？我們家有三十輛車，我每天外出都坐不同的車子。」

富翁們你一言我一語互不相讓，這時青年突然說了一句：「我比你們更富有，只是現在無法馬上展現出來。」

富翁們聽了都大笑，更瞧不起青年了，沒想到船在航行途中，遇到可怕的海盜。海盜把那些富翁的首飾、錢財都搶走，他們一瞬間成了窮光蛋。

船後來終於停靠在一個陌生的城市，變得一無所有的富翁們忍受著飢餓和寒冷，他們過去習慣了吃喝玩樂，根本就沒工作過，不知道如何賺錢。結果那些富翁成了城市裡最貧窮、最悲慘的乞丐。而大家都瞧不起的青年，雖然生活刻苦卻很上進，擁有豐富的學識及良好的教養，後來成為老師，努力工作賺錢，生活不愁吃穿，還買了房子。

有一天，青年在街上遇到一群穿著破舊的乞丐，正是當年在船上遇到的那群富翁，他們其中一人認出了青年，對他說：「我現在才明白當時你為什麼說比我們富有，早知道我也多學一點……。」

而心胸寬廣的青年一點都沒有瞧不起他們，反而幫助他們。

一般人覺得富翁都是傲慢、目中無人，確實有那樣的人存在，在新聞、電視劇和電影中屢見不鮮。但是有錢並不代表就有權無視他人。四肢健全的人沒有理由輕視身心障礙人士；從事專業工作者也沒有權利瞧不起從事勞動工作的人。只要在各自的崗位發揮自己的能力，享受經濟自由，所有人都是平等的。富翁之所以會在窮人面前態度傲慢、充滿鄙視，是因為那些富翁有著惡劣的人性。因此在進行金錢教育時，必須同時進行人性教育。

怎樣才是真正的富翁呢？當然，擁有很多錢的人被稱為富翁，但**無論遇到什麼危機，能擁有屬於自己克服危機的力量、維持生活的實力，這種人才是真正的富翁。**所以在上述故事中，穿著邋遢、被富人嘲笑的青年，因為具有自己的實力，最後克服困難成為「不愁吃喝、生活無憂還買了房子」的堂堂正正的人。

成為富翁的標準五花八門，有人認為像故事裡的青年一樣無憂無慮的生活是富翁的標準，也有人認為擁有很多金銀財寶才是富翁的標準。找個時間和孩子一起討論「富翁的標準」吧，錢多到生活奢華的人是一般認知的富翁，但還有比錢更重要的，只要在經濟上可以不依附任何人，舒適、自由地生活，就足以成為富翁。

點燃思考的打火石

● 只要穿著華麗的衣服、開著昂貴的車，就是富翁嗎？一個人看起來外表貧窮，就一定是窮人嗎？

打火石教育：有充裕的錢當然會想買好看的衣服和車子，但並不是所有人都會那樣。也有很多有錢人生活節儉，或是常常捐贈。所以不能只看外表來判斷別人。

● 如果賺了一大筆錢成了富翁，就能一輩子過富裕的生活嗎？

打火石教育：生活中誰都會遇到意外的情況，也許可以賺很多錢，但也有可能會賠很多錢。也有人過去大獲成功，但現在卻失去了所有，過著艱難的生活。重要的是，在面臨危機時，是否具備克服危機的力量。如果能夠克服危機，就有機會東山再起；但如果沒有這種力量，即使從父母那裡繼承再多財產也沒有用。為了成為真正的富翁，不能忘記必須累積實力以應對隨時可能到來的危機。

拒絕特權的正直態度

「正直」是人生中非常重要的品德，特別是在進行經濟活動時更是如此。不正當的經濟行為會讓他人造成巨大損失，使其陷入困境。幕後交易、雙重合約、特權等都包含在內。**猶太人在教育孩子金錢的重要性時會特別強調正直，因為稍有不慎就會陷入金錢的誘惑當中。**如果不誠實，就會面臨巨大的危險。

有時我們會陷入想得到特權或給別人特權的欲望中，如果不能抵擋住這一瞬間的誘惑，無法做出正直的經濟行為，就會成為構建健康社會的絆腳石。

給孩子的故事

一個猶太人的朋友得了重病，身體逐漸衰弱，如果不快點找到特效藥就無法康復，但那個特效藥很難買到，病人的家屬不放棄，於是找到這個猶太人拜託他。

「你認識很多有名的教授和優秀的醫生，拜託你無論如何都要幫我們找到藥。」

猶太人找了認識的醫生希望能拿到藥，醫生說：「如果我把這藥給你，原本排隊等候的其他病人就買不到藥，那麼那些病人會死，這樣你還想要買藥嗎？」

猶太人要求一段時間考慮，「如果殺一個人，我就能活下來；如果不殺掉那個人，我就會死，那我該怎麼辦？為了救自己而殺掉別人可以嗎？我的血憑什麼比別人更珍貴呢？」

結果最後猶太人拒絕了病人家屬的要求，不買藥了。沒來得及吃特效藥的朋友不久便死了，但是猶太人並未後悔自己的決定，因為另一個人的生命得以延續。

在人命關天的情況下，我們還能保持正直的態度嗎？在危急的情況下，我們真的能拒絕特權、堅持正直嗎？最具備原則性和道德的答案是「即使我的朋友死了，也不能用特權買藥」。雖然這在情感上會受到很大的傷害，也會被某些人指責，但正直的事就要堅持，在與人交易時也應該遵守這樣的信念。

希伯來大學法學系主任拉維諾奇（Abraham Lavinoch）總結出商業行為的十大精神：

1. 重視真實。
2. 守信用不做雙重合約。
3. 不隨便給予保證或訂定合約。
4. 勞動後的休息會帶來創造。
5. 向造物者致敬，尊敬長輩。
6. 尊重生命，關心別人的福祉。
7. 不做私底下的交易。
8. 禁止盜竊。
9. 禁止作偽證。
10. 不得羨慕他人的所有物。

上述故事呼應第七項與第十項。人一旦面臨危機，難免會脫離學習到的處世原則及道德精神，但我們還是要明白「正直」是人生最好的態度。父母對建立孩子「正直」的態度也應該採取堅定的立場。不誠實的人不會受到任何人的尊重，不正直的行為也許會馬上獲利，但長久下來終究會得不償失。

點燃思考的打火石

● 如果遇到故事中的情況該怎麼辦？既然是幫助朋友，你覺得應該答應嗎？

打火石教育：拒絕朋友或熟識的人的請求實在很為難，但如果因為接受請求而造成其他人損失，那就應該拒絕請求。如果從一開始就堅持不做不正直的事，自然就不會有人向你提出不當的要求。

● 不遵守先來後到的順序、枉顧他人取得利益就是行使「特權」。如果這種現象蔓延，對社會有什麼影響呢？

打火石教育：社會將變得很混亂，成為不誠實的社會，所以我們應該拒絕這種特權歪風，努力打造正直的社會。也許眼下對自己來說是損失，但從長遠來看，正直會得到回報。

●如果有人要給你特權，你會怎麼辦？不是我主動要求的特權，可以接受嗎？

打火石教育：要記住，所有特權行為都會付出代價。如果不正當地獲得利益，將來總有一天會為此付出代價，為自己造成問題。從一開始就不應該得到特權，即使有這種機會，也要懂得拒絕。

懂得忍耐的人才能嚐到甜美果實

「耐心」是積累財富、發展事業的重要品德。即使賺再多的錢，如果沒有守住耐心，錢很快就會消失，初期順利的事業也很難長久發展，獲得更大的成功。賺錢本身就是建立在忍耐的基礎上，在孩子眼裡，可能覺得父母從錢包裡拿錢出來很容易，並不知道為了能拿錢出來買想買的東西，父母必須做出許多忍耐。**培養耐心可以讓孩子對賺錢這件事的眼界放遠、放寬，在金錢教育中至關重要。**

給孩子的故事

一位老人正在院子裡種樹苗，一名旅人正好路過看到，便問老人：「老先生，現在種樹苗下去，您覺得什麼時候樹會長大結果呢？」

老人回答道：「我想至少要七十年吧。」

旅人覺得老人很好笑。「老先生，那您可以活那麼久嗎？」

老人又回答道：「我活不了那麼久。但我出生時，果園裡的樹結滿了水果，那是因為在我出生之前，我的爺爺為我種下樹苗。我現在只是像我爺爺以前一樣，做著同樣的事。」

故事中的旅人只看眼前，但老人卻看得長遠；旅人的行為標準是「對現在的我是否有幫助」，但老人卻以「我出生時擁有什麼？」作為重要判斷標準。他感念祖先努力在自己出生之前就為自己營造了環境，對自己出生後能擁有的一切覺得感恩，所以也想把祖先的心意傳承下去。換句話說，「老人把自己努力的成果留給後代」，也讓我們了解到，某些成果和利益在成熟之前，需要很長的時間。

父母每個月上班工作領到的薪資，並不僅僅只是「努力工作一個月」的成果。人到成年為止，至少度過了十二年的校園生活，學習知識與技能。成年之後累積各種經驗，經過許多努力，才能取得現在的成果。所有的時間、經驗、努力彙集在一起，才結出了今日所看到的「本月薪資」這個果實。也就是說，**現在我們眼前看到的「錢」裡頭，累積了創造這些錢的「時間」**。

如果孩子看不到金錢背後長期的努力和持續的耐心，就會以為賺錢是很容易的事，無法感受金錢真正的價值。特別是近年來隨著許多所謂網紅、YouTuber賺大錢的報導散播開來，尚年幼的孩子很容易被光鮮亮麗的外在迷惑，認為「只要拍拍影片放在網絡上就能賺錢」。但想要拍好影片，也必須累積一定的經驗、實力和努力才能拍出好的作品。透過老人和旅人的故事，可以讓孩子了解在「時間的厚度」裡具備了多少耐心。

點燃思考的打火石

● 是否曾想過需要花多久時間才能變得很富有？

打火石教育：絕對比想像中需要更長時間，因此耐心很重要。即使想要賺錢，也不能投機取巧，要以正當的方式賺錢，因此必須在一個領域長期磨練、累積實力，才能以自己的能力在那個領域賺錢。父母也經歷過學生時代努力學習、進入社會後從職場新鮮人一路努力工作，才有現在的成就和財富。老人種下樹苗要七十年才會結出果實，這故事告訴我們任何結果都絕非一蹴可幾，而是需要時間和努力的。

與金錢建立「良好關係」

人與錢之間也會形成特別的「關係」，如果貼得太緊，人會變成守財奴，無視別人的痛苦，一心只想著如何賺錢；另一方面，如果過度沉迷花錢的樂趣，就會肆無忌憚地揮霍。**金錢與人最理想的關係，是為自己和他人的幸福適當地使用金錢，不要過度花費同時也要為未來準備而儲蓄**。即使是同樣的錢，會隨著每個人對錢的態度和想法不同，與金錢的關係也會有所差異。

給孩子的故事

一艘船在平靜的海上航行，突然遭遇暴風雨而偏離航線。第二天早上，大海平靜下來，船漂流到一座美麗的島嶼，船長決定在這裡先休息一會兒。這個島上開滿了美麗的花朵，還有很多看起來很好吃的水果，樹林裡有許多鳥兒在歡唱，還有很多涼爽的地方可以休息。於是乘客們紛紛下船，分成五個小組。

第一組人擔心船突然會開走，所以才上岸一下子就又回到船上。

第二組人在島上短暫散步，聞到芬芳的花香，在樹蔭下稍坐並摘了美味的水果，恢復精神後馬上又回到船上。

第三組在島上停留稍久，正好看到船準備要離岸，才急忙回到船上。因為太匆忙了，結果遺失自己的隨身物品，上了船也沒占到好位置。

第四組人遠遠看到船員似乎在進行啟航的準備，但因為船帆還沒有揚起，同時心想船長應該不會丟下他們就離開，所以就放心地在島上遊玩。直到看到船正駛離岸邊，才慌慌張張地游泳上船。

最後的第五組人，一下船就直往島內深處走去，吃了很多美味的水果，陶醉在美麗的風景中，連船出海時的鳴笛聲都沒聽到，當他們發現時船早已不見蹤影。結果他們有人被島上的猛獸咬死，有人誤食了有毒的水果，最後全部死了。

錢的力量非常強大，如果未具備與錢界定適當關係的概念，孩子們就會盲目地接受錢的一切。**要讓孩子知道錢的效用和金錢帶來的好處，同時也要告訴他們過度沉迷於金錢會帶來什麼後果**。故事中的五個小組象徵人們對金錢的態度。最理想的是第二組，能享受金錢帶來的快樂和幸福感，但更懂得節制。

如果陷入金錢的快樂中，可能會失去好時機與好位置，也會比別人多經歷游泳的辛苦；若已到不可自拔的情況，就會像故事中的第五組人最後死在島上。總之如果沉迷於金錢世界，就會變得放蕩和傲慢，不僅失去朋友，甚至會背棄家人。

孩子自小從父母那裡認識金錢，父母平時對待金錢的態度會原封不動地留在孩子的潛意識中，等孩子長大成人後就會表現出來。如果有自己想法的孩子，長大可能會有與父母不同的金錢觀，但無論如何，從小刻印在潛意識中父母的影響是無法完全抹去的。

重要的標準是「合理性」，省錢有省錢的合理性，花錢享受時也要靈活合理地消費。

點燃思考的打火石

- 錢什麼時候該用、什麼時候不該用，你有自己的標準嗎？肚子明明不餓但看到好吃的東西就花錢去買，這樣對嗎？已經有兩雙鞋子而且都還好好的，卻因為看到其他好看的鞋子所以又再買了一雙，這樣對嗎？

打火石教育：錢可以帶給我們很多快樂，但如果因為愛錢而產生執念，錢就會給我們帶來痛苦。太吝嗇不願花錢幫助別人，周圍的人會一個個離開，也不會成為受尊敬的人；但如果花錢無度，可能會被人利用。猶太諺語裡有這樣一句話：「甜甜的水果蟲子多，財產多了煩惱也多。」能讓我們感到幸福的錢，在某些時候可能會成為讓我們擔心的問題。錢雖然會給我們很多幫助，但是要記住，如何使用錢、如何看待錢，會讓錢的意義有很大的不同。

轉禍為福，魔法般的人生

大人已經有過許多人生經歷，可以充分了解「塞翁失馬」的意思，就算遇到不好的事情也能轉念。但對生活經驗尚淺的孩子來說，遭遇到困難很可能就會陷入負面思考中，更別說能自己將失望化為希望的想法了。**為了幫助孩子擴大思考範圍，應該告訴他們如何「轉變觀點」**。特別是未來進行經濟活動時，更需要隨時轉變觀點的能力，當遭遇障礙或難關時才能產生克服的意志，即使看到了希望，也要保持不停止努力的態度。

給孩子的故事

有個名叫阿奇巴的拉比，帶著驢、狗和一盞小燈旅行。走著走著不知不覺太陽下山天色也暗了，阿奇巴發現了一間小屋，便決定在那裡睡一晚。但是時間還早，阿奇巴便點了小燈看書。突然颳起風把燈吹滅了，於是他只好睡覺。但是到了半夜，當阿奇巴熟睡時，野狼突然入侵，咬死了他的狗；後來獅子出現，把驢也吃掉了。

第二天早上，阿奇巴拿著唯一剩下的燈，淒涼地離開小屋。他走著走著到了一個村莊，卻怎麼也找不到人。過了很久，他才知道昨天晚上盜賊闖入，把村民都殺了。

如果前一天晚上燈沒有被風吹滅，阿奇巴說不定會被盜賊發現而喪命。如果狗還活著，狗的叫聲可能會引來盜賊，驢子一定也會緊張地亂跑。因為失去了一切，阿奇巴才沒有被盜賊發現，保住了性命。

後來阿奇巴說道：「人類在最壞的情況下也不能失去希望，要牢記，有時壞事也可能會帶來好事。」

在發現盜賊殺死了整村的人之前，阿奇巴可能因為失去了一切而陷入絕望，感覺幾乎沒有未來，直到後來他才明白那些壞事的發生讓他幸運逃過一劫。

許多成功都是在喪失感、孤獨感、困境中萌生的，因為人類是有意志的存在，可以戰勝自己所處的困境。人人都會遇到各種困難，為人父母無不希望孩子能一生順遂，但父母更清楚，世界並不會那麼一帆風順。

如果孩子對自己所處的情況能有轉變觀點的能力，那麼不管發生什麼變化，就都能勇敢面對，同時會知道現在眼前的痛苦並不是全部。

點燃思考的打火石

● 如果你是阿奇巴，同時失去驢和狗，你會有什麼感覺？一定是不好的感覺嗎？

打火石教育：生活中會發生好事，也會發生壞事，這是必然的。重點是遇到狀況時，根據應對的方式會有不同結果。即使想做的事情做不好，如果繼續努力，總有一天會戰勝難關取得成果；相反地，如果因為當下進展順利就放心而偷懶，最後的結果也許會不如所願。當然，你可能會認為阿奇巴會活下來是因為運氣好，但是，如果運氣再加上努力，那麼無論遇到多麼困難的情況，都能成為天下無敵吧？

掌握正直與光明磊落

如果大家都是合理擁有想要的東西，那麼這個世界的犯罪率應該會少一半吧？謊言和騙術不存在，偷竊和詐騙這類犯罪也會消失。因此，**善良的社會公民對「正直的擁有」必須要有堅定的概念**。不是我的東西就要還給別人，即使真的很想要或是很需要，不是我的也不該占有。

給孩子的故事

從前，有一個樵夫拉比，他每天都要從山上砍樹運到村子裡。為了減少往返時間，好把多出來的時間拿來研讀《塔木德》，於是他決定買一頭驢。

他很快就進城去找一個阿拉伯商人買了一頭驢。他的學生們很高興，因為樵夫拉比買了驢，以後就可以快速往返山及村之間，學生還把驢子牽到溪邊幫牠洗澡。洗著洗著從驢子身上掉下了一顆鑽石，學生很開心地說：「現在貧窮的拉比可以不用再當辛苦的樵夫，可以專心研究和教導我們了！」

學生把鑽石拿給樵夫拉比，但樵夫拉比卻帶著學生來到城裡，命令學生把鑽石還給阿拉伯商人。

其中一個學生問道：「這是老師買的驢子身上掉下來的鑽石，為什麼要還給商人？」

拉比平靜地說：「我買了一頭驢，但沒買鑽石。我只拿我所買的東西，這不是應該的嗎？」

於是學生把鑽石還給阿拉伯商人。收到鑽石的阿拉伯商人問：「你買了驢子，鑽石黏在驢子身上一起被你帶走，你為什麼還要把鑽石還給我？」

樵夫拉比微笑著說：「按照猶太傳統，除了自己買的東西以外，其他的都不該拿，所以我要把鑽石還給你。」

有人可能會覺得樵夫拉比太天真，連賣驢的阿拉伯商人也感到意外，居然把鑽石還他。但對於樵夫拉比來說，如果不是「自己花錢買的東西」，就不是屬於他的。樵夫拉比對「擁有」有著堅定的自我標準。

如果一開始的標準不夠堅定，那麼在社會生活中，這個標準就會越來越模糊。當「難道是？」這樣的想法浮出時，內心就會充滿盲目的欲望。唯有一開始就對於「擁有」抱持明確的概念，這樣不管發生什麼事情，自己的信念才不會被動搖。

點燃思考的打火石

● 在路上發現錢，如果周圍都沒有其他人，你會怎麼辦？會想占為己有嗎？如果沒有人看到你會撿起來收著嗎？假設你借朋友五百元，但他卻還給你七百元，而且完全沒發現自己多還了，你會把多出來的二百元還給他嗎？還是會想說反正朋友沒發現，就自己留著？

打火石教育：不管有沒有人看到、不管朋友是否發現，最重要的是自己是不是問心無愧。別人不知道，但是我知道自己做了什麼事，這樣日後恐怕都不敢理直氣壯了。所以如果不屬於自己的東西就不要拿，說不定在無意中會欺騙或傷害了別人。

結語

金錢教育是對未來資產價值的投資

回想小時候，最先想到的是看書的媽媽和看報紙的爸爸。因為印象中父母總是把書和報紙放在家中四處，所以一直有很多書報可以看。除了我，弟弟們從學校回家後，也都很自然會拿起放在桌上的書和報紙看，閱讀已經成為我們家的日常。我們三姐弟就是這樣透過書報自然地接觸到經濟發展趨勢。每天早上全家人一起吃早餐，也會針對報紙的報導進行討論、交換意見，像是「銀行的作用是什麼」、「最低工資是什麼」、「最低工資上漲時會對社會產生什麼影響」、「如果發生經濟蕭條，政府可採取什麼樣的政策」、「利率是什麼」、「利率調整會對經濟產生什麼影響」。

上高中時，因為想多了解一些經濟原理，所以特別學習總體經濟學及個體經濟學課程，對經濟概念和用語有了更深的了解。上大學後，為了能集中學習關於資金運作流向的知識，我毫不猶豫地選擇主修經濟學。經濟學是一門只要學過就能用上一輩子的學問，現在我可以掌握經濟週期的區間、預測政府會採取什麼政策，還可以根據政策來進行個人資產規劃。

在學習經濟學知識的過程中，我明白了世界上存在很多機會，而我必須做些什麼來抓住它們。此時，可以去了解現在投資者的資金流向趨勢、哪個產業正在崛起、哪個公司的前景被看好。這些知識在我選擇職業時也產生很大的影響。比起已開發國家，我選擇到成長可能性更高的東南亞發展中國家，並關注到人們日常生活中已不可缺少網路購物，於是決定投入電子商務這個領域，選擇了掌握東南亞電子商務市場、由阿里巴巴（Alibaba）投資的「來贊達」（Lazada）這間公司。近年因為疫情的關係，觀光、旅遊產業受到打擊，但電商卻像插上了翅膀般飛了起來。在來贊達工作約四年時間，體驗了東南亞物流、金流、行銷等電子商務的各種領域，現在新事業部門正在計畫來贊達的下一個五年。以市場性和成長性為基礎的決策是對的嗎？事實上這是一個非常好的決定，同時為了解決東南亞存在諸多地區性的問題，誕生了各種IT相關企業，這些企業已經成長為市值超過一兆的備受矚目的企業，預計未來數年內東南亞公司將首次公開發行（IPO, Initial Public Offering）。

我已經習慣了每天早上讀經濟新聞，這也有另一個好習慣，就是定期檢視自己的資產。你算過今後三十年能賺得的資產有多少嗎？現在上班族進行投資，可以從年薪、年薪上漲率、投資金額、投資預期利率等，大致推估今後五年、十年、二十年內，個人資產會達到什麼程度，這樣就可以規劃購屋、結婚等費用。就像每到新的一年都會制定新年計畫一樣，我們的資產計畫也要每年檢查更新。不僅如此，我早就擁有勞動所得以外的股票或ETF等投資所得。及早開始關注經濟，就能嗅出世界資金流向何方，可以看出哪個產業、哪個公司正在引領世界潮流。

我之所以能成為經濟通，是因為從小接受了金錢教育。孩子的金錢教育越早開始越好，這樣孩子的投資所得才能像滾雪球一樣增加。現在除了勞動收入和投資收入，我正在準備第三筆收入，就是我在睡覺時也能賺錢的內容收入。以我的工作生活和興趣為素材，在網路社群上寫文章、在YouTube上傳影片，製作屬於自己的內容，這些內容在宣傳「我」個人品牌的同時，也會逐漸累積起來，成為演講、廣告等創造附加收入的資產。

學習經濟不僅能理解資金的流向，還能拓寬對世界的視野、對產業的視野、對公司的視野。這些視野對孩子未來選擇工作、進行投資、準備結婚資金、開始創業、規劃養老等都有幫助。因為孩子能夠知道機會在哪裡以及如何抓住它們。

今天就開始讀這本書，和孩子一起學習經濟吧！幾年後，孩子將成長為有能力分析國內外經濟動向、具有廣闊視野、能夠尋找機會和掌握機會的人。

在不斷變化的世界中推薦哈柏露塔

十年、十五年後，當孩子們成為社會的主角時，這個世界會變得怎麼樣？**那時也許會成為「沒有答案的世界」**。我們這個世代生活的世界是有正確答案的，凡事只要按照學校老師和父母教的去做就不會有太大問題，有著根據年齡或社會地位區分的行動模式，也有必須遵守的生活程序。明天和昨天沒什麼不同，只要像今天這樣過，就能安然無恙地迎接明天。

但是，孩子將面臨的未來世界完全不同。不僅是第四次工業革命，全世界也透過社群網路進行連接。世界變化太快，環境也隨之改變。在這樣的世界，「正確答案」會逐漸消失。今天的正確答案，在明天可能就變成錯誤答案，這就是孩子面對的未來。

在這樣快速變化的世界裡，若要不被爆炸的資訊動搖、帶著自信生活，需要什麼樣的能力呢？那就是「**不斷尋找答案的能力**」，要培養這種能力最有效的方法就是「哈柏露塔」教育法。「哈柏露塔」的核心是「提問和討論」。不是死背別人給你的正確答案，而是透過提問和討論的過程自己尋找答案。只會背誦正確答案的孩子，到了沒有正確答案的世界會感到混亂，但熟悉哈柏露塔教育法的孩子透過提問和討論，可以一步一步找到自己的正確答案。培養追蹤不斷變換的正確答案的教育，就是哈柏露塔教育法。

未來賺錢的方式也和現在大不相同。以前只要擁有「好工作」或從事「專業工作」，就能賺到錢。但是現在不一樣了，很多人一邊做自己喜歡的事一邊賺大錢。在過去做「農活」是很辛苦的，所以年輕人都不願留在農村做苦力，紛紛到大城市找工作。但是現在許多年輕人回到農村，運用智慧科技，以有別於過往的方式種植農作物，在烈日下揮汗耕作的情景正逐漸消失。有些二、三十歲的年輕農民，靠著我們熟悉的農作物一個月就能賺數千萬元。現在受到年輕人矚目的 YouTuber、職業遊戲玩家等都是以前不存在的新職業。年輕人用無數創意和點子作為武器，用自己的方式快樂賺錢。**未來賺錢的方式會越來越多元，能具備靈活的思考方式並發揮創意、具有獨創性的人，今後才會更加受到關注。**

為了培養這種未來型人才，「哈柏露塔」教育法是最合適的。孩子們透過「哈柏露塔式金錢教育」探索和觀察時代的變化，向自己提問，與他人討論，尋找新的賺錢方式。

經濟活動也是一種習慣的養成，小時候接受的金錢概念會支配一生，決定未來的消費模式。如果想把孩子培養成對錢有健康的認識、聰明消費並擁有財富的人，就應該從現在開始持續關注猶太人的哈柏露塔金錢教育。不管做什麼事，開始都很重要，如果從小就和父母一起培養健康的經濟觀念和消費習慣，那麼孩子一生都會受用無窮，成為真正的富人。

當然，這本書並未能包含哈柏露塔金錢教育的所有內容，但我希望這本書可以為不知道該如何改變經濟觀念、對孩子的金錢教育感到不知所措的父母，提供一個有價值的教育方法。在日常生活中持續與孩子討論經濟問題，以身作則展現正確的消費習慣，讓孩子有機會體驗金錢價值，都是孩子金錢教育的第一步，希望這本書對邁出這第一步能有所幫助。

參考文獻

- 李碩風，〈失敗是新經驗，容忍失敗是創業國家的基礎〉，hellodd.com，2013.2.25。
- 柯友輝，《像猶太人一樣思考》，allthatbooks，2019.11.。
- 申相穆，《學校沒教的世界史：遇見日本、歐洲》，puriwaipari，2019.4。
- 洪益熙，〈〔特別報導〕掌握世界的猶太企業家精神的祕密〉，tycoonpost，2015.12.9。

國家圖書館出版品預行編目（CIP）資料

塔木德親子財富課：向猶太人學致富，從小開始／金今善著；馮燕珠譯 . -- 初版 . -- 臺北市：遠流出版事業股份有限公司，2022.05
面；　公分
譯自：내 아이의 부자 수업 :
상위 1 퍼센트 유대인의 하브루타 경제독립 교육
ISBN 978-957-32-9484-9（平裝）

1. 親職教育　2. 子女教育　3. 理財　4. 猶太民族

528.2　　111002756

塔木德親子財富課

向猶太人學致富，從小開始

作　　者：金今善
譯　　者：馮燕珠
主　　編：周明怡
封面設計：江孟達工作室
內頁排版：王信中
發行人：王榮文
出版發行：遠流出版事業股份有限公司
地址：104005 台北市中山北路一段 11 號 13 樓
郵撥：0189456-1
電話：（02）2571-0297
傳真：（02）2571-0197
著作權顧問：蕭雄淋律師

2022 年 5 月 1 日 初版一刷
2024 年 8 月16日 初版二刷
售價新臺幣 350 元（缺頁或破損的書，請寄回更換）
ISBN　978-957-32-9484-9

遠流博識網
http://www.ylib.com　E-mail:ylib@ylib.com

내 아이의 부자 수업 : 상위 1 퍼센트 유대인의 하브루타 경제독립 교육